과학+사회 융합교육

과학관 옆
사회교실

과학+사회 융합교육

과학관 옆
사회교실

· 경기도책공작소 독서기반교육연구회 감수
· 전국사회과교과연구회
  경기도책공작소 독서기반교육연구회 추천

이두현·김선아·박남범
진하정·조정은·김태호
박민지·태지원·권미혜
소은경·최진아·황은종 지음
전혜인·한정원·송윤경 검토

책머리에

지금은 인류세,[01] 과학으로 지속 가능한 미래를

6년 364일 23시간.

기후 위기 시계[02]가 2022년 7월 22일 자정 현재 가리킨, 대한민국에게 남은 시간입니다.

기후 위기 시계의 바늘은 전 세계 이산화탄소 배출에 따른 지구 온난화로 지구 기온이 산업화 이전 수준보다 1.5℃까지 상승하는 지점까지 남은 시간을 가리킵니다. 1.5℃는 인류가 기후 재앙을 막을 수 있는 한계 온도를 의미합니다. 전 세계 과학자들 및 각국 정부가 과학적으로 검증한 후 만장일치로 합의한 '마지노 선' 온도입니다.

지구 온도가 1.5℃ 상승하면 폭염 발생 빈도는 8.6배, 가뭄 발

---

01 온실 가스 배출 등 인류의 활동으로 유발된 지구 생태계가 변화하는 새로운 지질 시대. 네덜란드의 대기화학자이자 노벨상 수상자인 폴 크뤼천이 2000년에 처음 제안했다.

02 기후 변화에 관한 정부 간 협의체(IPCC) 자료에 근거하고, 독일의 비영리 연구소인 메르카토르 기후 변화 연구소(MCC)의 정보를 반영하여 기후 위기에 대한 경각심을 위해 설치된 시계.

생 빈도는 2.4배, 강수량은 1.5배, 태풍 강도는 10퍼센트 증가합니다. 과학의 발전과 인류 문명의 진보에 따라 앞만 보고 달려온 현재의 지구. 현재 지구는 1.5℃라는 인류 생존의 마지막 임계점 시각까지 고작 6년 11개월 정도를 남겨 두고 있습니다. 지금 이 시각에도 과학 기술 발전의 칼날에 휘둘린 기후 위기 시계는 조금씩 흐르고 있습니다. 과학 기술 발달과 맞물린, 지속 가능한 미래—인류의 생존을 위한 커다란 화두입니다.

2019년, 당시 열여섯 살이던 스웨덴의 환경 운동가 그레타 툰베리의 연설이 전 세계를 울렸습니다.

> 여러분은 우리를 실망시키고 있습니다. 우리 세대는 여러분이 배신하고 있다는 것을 알기 시작했습니다. 모든 미래 세대의 눈이 여러분을 향해 있습니다.

> You are failing us. But the young people are starting to understand your betrayal. The eyes of all future generations are upon you.
>
> (2019년 뉴욕 유엔 본부에서 열린 기후 행동 정상회의 연설)

세계 곳곳의 많은 사람들이 기후 우울증(climate depression) 또는 기후 불안증(climate anxiety)을 겪고 있다고 합니다. 이는 환경 파괴에 대한 만성적인 두려움을 느끼는 상태라고 미국 심리학회(APA)는 정의합니다. 동시에, 유례없는 코로나 팬데믹을 겪은 포스트 코로나 세대의 지속 가능한 발전, 세계 시민이 되기를 자처하는 움직임 역시 꿈틀대고 있습니다. 지구를 구해야 한다는 메시지들이 곳곳에서 작은 생활 속 실천들로 나타나고 있으며, 개인 및 사회적 실천 행동으로, 기업의 ESG 경영으로, 과학 기술 혁신이라는 새로운 방향성들로 지속 가능한 미래를 향한 나침반이 제시되고 있습니다.

지구를 위한 실천 행동을 더 늦춰서는 안 된다는 경고를 겸허하게 받아들이고 있는 국제 사회. 그리고 그 지구의 일부분인 우리. 미래 사회를 지속가능한 사회로 이끌어갈 책무가 있는 우리는 무엇을 할 수 있을까요?

격동의 코로나 시기, 전 세계적으로 사회 곳곳에서 시민들은 유례없는 전염병으로 인한 변화를 온몸으로 겪어 내야 했고, 지금 현재도 몸살 중입니다. 그 과정에서 인류가 공통적으로 느낀 것이 있습니다. 포스트 코로나 시대, 지속 가능한 미래를 대비하는 세계시민으로 성장하기 위해서는

1) 시대의 변화를 빠르게 읽어 내야 하며, 그 흐름에 재빠르게 탑승하기 위한 뉴 노멀[03] 시민으로 성장해야 한다.

2) 개개인의 능력을 빠르게 사회의 변화에 융합시킬 줄 아는 인재가 사회 변화의 물살을 세차게 가로질러 가는 과정에 잘 적응할 수 있을 것이다.

3) 인류 모두는 세계 시민으로서 자질을 갖추어 세계의 지속 가능한 발전에 공헌할 시대적 책무를 지닌다.

---

03 시대 변화에 따라 새롭게 떠오르는 기준 또는 표준. 2008년 글로벌 금융 위기 이후의 세계 경제의 특징을 통칭하는 단어였으나, 현재는 사회적 변화로까지 확장하여 사용된다.

이는 전 인류가 코로나 시기를 필사적으로 겪어 내는 과정에서 느꼈을 시대적 사명감이었을 것입니다. 이 책은 이러한 시대적 사명감에 기초한 나침반과 같은 역할을 맡고자 하는 의도에서 집필되었으며, 이 시대의 모든 세계 시민들에게 '과학'을 통해 지속 가능한 미래에 대한 해답을 찾아가게 하고자 하는 시도입니다.

책은 1교시 '바이러스: 전염병, 팬데믹', 2교시 '에너지: 원자력, 신재생 에너지', 3교시 '신소재: 4차 산업혁명, 미래 신소재', 4교시 '유전자 기술: 유전자 편집 기술, 생명 윤리', 5교시 '인공 지능', 6교시 '기후 변화: 이상 기후, 탄소 중립'을 주제로 구성되어 있습니다. 교시마다 인류 발전에서 늘 핵심 역할을 해 온 과학 기술의 진보와 그 이면을 짚어 보면서 과학 기술 발전의 명암을 재조명해 보고, 지속 가능한 미래를 위한 바람직한 청사진을 제시하고 있습니다. 미래 사회의 기술 발전에 따라 인류가 대처해야 할 부분을 짚어 내주기도 하며, 향후 우려되는 점을 미리 진단하여 미래 세대에게 경고를 하기도, 조언을 제시하기도 합니다.

"인간이 두려워하는 대상은 한 가지뿐이다. 몸을 던지는 것, 미지의 세계로 뛰어들기. 안전했던 모든 것을 뿌리치고 훌쩍 몸을 던지는 것이다"라고 헤르만 헤세는 말했습니다. 하루가 다르게 괄목한 변화가 진행되고 있는 현재의 지구. 그 어느 때보다 미지의 세계로 기꺼이 뛰어드는 세계 시민으로서 실천적 행동, 과학 기술의 진보에 대한 관심, 그리고 이 모든 것을 꿰뚫는 범지구적 통찰력이 필요한 시점입니다. 과학 기술의 진보가 미래 사회의 위기와 현안들을 해결해 줄 수 있는 핵심 열쇠가 되리라 확신하며, 이 책을 읽는 독자 여러분에게 그 중책을 부탁합니다.

여러분의 관심이 범지구적 SDGs(지속 가능 개발 목표)[04] 실천을 앞당기게 할 것입니다. 과학 기술의 진보를 만끽하며 충분히 도전해 보고, 충분히 탐구하시기를 바라겠습니다.

2022년 7월
글쓴이들

---

04 유엔이 2016년부터 2030년까지 달성하기로 결의한 국제 사회의 인류 최대 공동 목표. 인간, 지구, 번영, 평화, 파트너십의 5개 영역에서 17가지의 주목표와 169개 세부 목표를 설정하였다.

인류와 바이러스의
끝없는 전쟁

인류 역사를 되돌아보면 바이러스는 늘 인류와 함께했다. 독감, 감기, 에이즈, 담배모자이크병, 천연두, 소아마비, 구제역, 에볼라출혈열, 메르스, 지카바이러스감염증, 코로나바이러스감염증-19 등은 모두 바이러스가 원인인 질병이다.

팬데믹 시대의 도래에 따라 모든 국가와 시민들은 다자간 국제 협력을 통해 이 어려움을 함께 헤쳐 나가야만 한다. 지구에서 함께 살아가는 인류의 건강과 안녕을 위해 바람직한 시민의식을 발휘해야 할 때다.

1. 전염병의 세계사

▒ 호랑이보다 더 무서웠던 마마(천연두)

인류의 탄생 전부터 지구상에 존재해 온 바이러스. 그 존재는 19세기 후반에 들어 비로소 세상 밖으로 드러나게 되었다. 인류 문명이 거듭 발전해 가는 과정에서도 바이러스는 신의 노여움이나 분노로 여겨지며 수많은 목숨을 앗아갔다.

"건강한 젊은이들이 갑자기 심한 고열에 시달리며 눈을 비롯해 목구멍이나 혀 같은 내부 기관들이 붉게 충혈되었다. 병자들은 열이 너무 심해 몸에 불이 붙은 것처럼 느꼈고 심한 갈증에 시달렸다."

고대 아테네의 역사가 투키디데스(Thukydides, 기원전 460?~전 400?)가 당시 사회를 기록한 내용이다. 아테네는 페르시아와의 전쟁에서 승리하면서 고대 그리스의 패권을 장악했다. 이후 스파르타를 중심으로 하는 펠로폰네소스 동맹과의 전쟁 과정에서 도시에 전염병이 돌게 되

미키엘 스위어츠, 〈어느 고대 도시의 전염병〉

었다. 투키디데스의 기록처럼 전염병이 심해져 군대의 4분의 1 이상을 잃게 되었고, 심지어 지도자였던 페리클레스(Perikles, 전 495?~ 전 429)까지 전염병으로 사망에 이르렀다. 결국 아테네는 전염병으로 활력을 잃게 되면서 스파르타와의 전쟁에서 패배하고 만다.

5세기경 서로마 제국이 여러 이민족의 침입을 받을 당시에도 전염병이 유행해 멸망을 앞당겼으며, 6세기 동로마 제국 유스티니아누스(Justinianus) 황제 시대에는 엄청난 전염병이 유럽 전역에 확산되어 반세기에 걸쳐 약 1억 명이 사망했다.

또한 14세기경에는 중국, 중동, 유럽 등지에서 창궐한 전염병으로 수억 명이 죽음에 이르렀다. 당시 몽골족이 세운 원나라는 전염병으로 전체 인구의 약 50퍼센트인 6천만 명이 사망하고, 고위 관료들이 흩어지고 사회가 혼란해진 틈을 타 홍건적을 필두로 한족들이 봉기하면서 멸망하게 되었다. 당시 유럽에서도 전염병으로 전체 인구의 3분의 1에 해당하는 7,500만 명 이상이 사망하였고 이로 인해 중세 유럽의 근간이 되었던 봉건제도가 흔들리게 되었다.

1812년 약 50만 명의 병력을 이끌고 러시아 원정을 떠났던 나폴레옹은 그해 겨울 약 4만 명의 병사가 간신히 리투아니아까지 퇴각했고, 이 나라 수도 빌뉴스에서만 약 2만 명이 사망했다. 혹독한 추위와 이를 이용한 러시아의 전술 때문에 나폴레옹이 퇴각한 것으로만 알려져 있지만 사실 그 원인에는 티푸스나 참호열 등의 전염병이 있었다.

우리 역사에서도 전염병은 끊이지 않았다. 천연두와 장티푸스, 그리고 결핵, 소아마비, 나병 등 사람들은 수많은 전염병과 싸워야만 했다. 이 모든 전염병은 역신(疫神)에 의한 병, 즉 역병이라고 했다. 그중 조선시대를 배경으로 한 사극에도 자주 등장하는 역병은 '천연두(두창痘瘡)'이다.

태종 18년 세종의 동생 성녕대군이 천연두의 일종인 완두창으로 사망했고, 세종 또한 총애했던 두 아들을 천연두로 잃었다고 한다. 당쟁과 왜군의 침입으로 혼란을 겪은 선조도 아들과 손자를 천연두로 잃었다. 뿐만 아니라 숙종의 첫 부인인 인경왕후도 천연두로 고생하다 세상을 떠났고, 숙종도 이 전염병을 앓았다. 왕세자(뒤의 경종)와 연잉군(뒤의 영조), 연령군까지 세 아들이 천연두에 걸렸고 연령군은 생과 사를 넘나들어야 했다.[01]

---

01 『동의보감』을 집필한 허준은 선조 때 당시 왕자였던 광해군의 두창을 고쳐 정3품에 올랐고, 선조 승하 후 유배되었다가 광해군의 어의로 다시 돌아왔다. 숙종 때 유상은 숙종의 두창뿐만 아니라 당시 왕세자인 경종과 연잉군, 그리고 인현왕후의 두창을 치료하였다.

조선 사회에서 천연두가 얼마나 무서운 질병이었는지, 『조선왕조실록』에만 무려 50여 회나 등장한다. 1886년 제중원에서 조사한 보고에 의하면 4세 이전의 영아 절반 정도가 이 병으로 사망했을 정도로 당시 가장 무서운 전염병이었다. 평생 한 번은 겪고 지나가야 하는 질병으로 받아들여 '백세창'으로도 불렸다. 일단 감염되면 열이 나고 두통과 구토 등을 일으킨다. 얼굴과 몸, 팔, 다리 등 전신에 발진과 포진이 생기며 심해지면 목숨까지 잃을 정도였던 것이다.

두창, 백세창 등으로 불렸던 천연두의 또 다른 이름은 '마마'였다. '효신 미미(虍恚媽媽)'라는 말이 있을 정도로 천연두(마마)는 호랑이만큼 무서운 질병이었다. 마마는 상감마마, 아바마마, 어마마마 등에서처럼 높은 신분을 부를 때 사용한 극존칭이었다. 그런데 하필 왜 이 전염병을 마마라고 불렀을까? 그것은 세균이나 바이러스가 원인이라고 생각하지 못하고 신에 의한 저주로 받아들였기 때문이다. 극존칭을 사용하여 신이 노하지 않고 기분 좋게 떠나보내고자 하는 마음에서였다. 그 공포가 워낙 컸기 때문에 '마마신'이라 하고, 엎드려 절하며 무사히 돌아가기를 염원하였다.

이처럼 천연두는 근대에 접어들어 지석영이 우두법을 시행하기 전까지 조선의 가장 큰 역병으로 오랫동안 사회를 혼란스럽게 만들었다.

'인류 최초의 전염병'으로 불리는 천연두는 우리 역사뿐만 아니라 세계사 속에서도 인류를 지긋지긋하게 괴롭혀 왔다. 최초의 천연두 환자는 기원전 1500년경 고대 인도 문명에서 발병했다. 기원전 1200년경 이집트에서는 피지배 계층은 물론 람세스 5세까지 천연두에 걸렸을 정도로 대규모로 퍼졌다.

165~180년 로마 제국은 근동 지역에서 훈족과의 전쟁을 치르면서 천연두에 걸려 돌아온 군인들로 인해 로마 시민의 약 4분의 1인 400만~700만 명에 달하는 시민들이 사망했다. 당시 황제의 이름을 따서 안토니우스 역병(Antonine Plague) 또는 이를 기록한 의사의 이름을 따서 갈레노스 역병(Plague of Galen)이라고 불렀다. 영국 여왕 메리 2세, 프랑스 왕 루이 15세, 러시아 황제 표트르 2세 등의 통치자들도 천연두에 걸려 목숨을 잃었다.

1519년 스페인의 에르난 코르테스(Hernán Cortés, 1485~1547)는 1천 명도 되지 않는 군사를 이끌고 중앙아메리카의 아스테카 정복에 나섰다. 초기 몇십 배에 달하는 아스테카 군대의 규모에 밀렸지만, 그들이 가져온 천연두가 퍼지면서 쉽게 정복할 수 있었다. 당시 천연두가 퍼지면서 30만 명에 달했던 원주민의 절반 이상이 죽음에 이르렀고, 결국 아스테카는 역사의 뒤안길로 사라지게 되었다.

1531년 프란시스코 피사로(Francisco Pizarro González, 1475~1541)는 168명에 불과한 군대를 이끌고 잉카 제국의 약 8만 명에 달하는 군대를 무너뜨렸다. 당시 약 2천만 명이 살고 있던 이 지역은 반세기 만에 인구가 10분의 1로 급감했다. 엄청난 전쟁 때문이 아니라 유럽인들이 가져온 천연두 등의 전염병이 그 원인이었던 것이다.

어려서부터 면역력을 가지고 있던 스페인 병사들과 달리 면역 체계가 전혀 없었던 아스테카와 잉카인들은 천연두에 속수무책이었다. 이처럼 천연두는 여러 국가의 운명을 바꾸면서 세계사를 변화시켰다.

1845년부터 제너(Edward Jenner, 1749~1823)의 종두법을 활용한 예방접종이 시작되면서 천연두는 인류가 극복할 수 있는 병이 되었다.

물론 20세기에도 천연두로 수백만 명이 사망하는 일도 있었지만,[02] 1980년 세계보건기구(WHO)는 천연두가 지구상에서 사라졌다고 발표하였다.

 천연두를 막기 위한 노력: 인두법과 종두법

고대 인도나 중국에서는 천연두를 막기 위해 천연두를 약하게 앓은 사람에게서 뽑은 고름을 건강한 사람에게 옮겨 감염시키는 인두법이 사용되었다. 우리나라에서도 이 방법을 사용했지만 오히려 천연두에 감염되어 목숨을 잃는 경우가 많았다. 인두법은 크게 천연두의 고름인 두장(痘漿)을 직접 채취해 사용하는 방법, 천연두에 걸린 환자의 의복을 입히는 방법, 천연두에 걸린 부위의 고름과 딱지를 가루로 만들어 코로 흡입하는 방법 등이 사용되었다. 종두법이 사용되기 이전까지 인두법은 천연두의 예방법으로 널리 활용되었다.

천연두를 해결한 세계 최초의 백신은 1796년 영국의 에드워드 제너가 개발하였다. 암소의 젖통과 젖꼭지에 천연두와 비슷한 우두(牛痘)가 발생하는데, 이런 소의 젖을 짜는 여성들이 천연두에 잘 걸리지 않고, 걸려도 약하게 앓다가 낫는다는 사실을 발견하게 된 것이다. 이후 젖소의 유두에 생기는 고름을 채취해 접종에 성공하면서 종두법을 개발하였다.

조선 말기 지석영은 국내 천연두 치료의 혁신적 기술을 도입하였다. 천연두에 걸린 소에서 뽑아 낸 우장(牛漿)을 백신의 원료로 사용한 것이다. 이후 여러 사람에게 접종할 두묘 제조 기술을 도입해 우두 접종을 통해 천연두를 치료하였다.

---

02 1951년 한국전쟁 중에도 천연두가 퍼지고 제대로 치료받지 못하면서 약 1만 명이 사망하였다.

피터르 브뤼헐, 〈죽음의 승리〉. 중세 페스트(흑사병)의 혼란상을 그린 작품

⠿ 봉건제도를 무너뜨린 흑사병(페스트)

1347년경 10월, 흑해에서 출발한 제노바 상선 12척이 시칠리아의 항구에 도착했다. 하선한 몇몇 선원의 몸에 고름과 검은 부종이 있었고 대부분의 선원들은 보이지 않았다. 주민들이 놀라 상선을 살펴본 결과 상선에 있던 선원들은 대부분 사망한 상태였다. 전염병이 심상치 않은 상태임을 알게 된 시칠리아 당국은 곧바로 선단을 떠나보냈다. 하지만 이 전염병은 삽시간에 시칠리아 전역으로 퍼지고 말았다. 이 전염병이 바로 신체 여러 부위에 고름이 맺히고 피부는 검은색의 괴사를 일으켜 사망에 이르게 한다는 흑사병(黑死病, black death)이다.

유럽을 쑥대밭으로 만든 제노바 상선은 흑해 연안의 크림반도 남단에 있는 이탈리아 제노바의 식민지 카파(Kaffa, 현재의 페오도시야)에서 출발한 것이었다. 그렇다면 과연 그들은 어떠한 연유로 들어오게 된 것일까?

당시 비단길의 서쪽 끝자락에 위치한 카파는 몽골 제국의 서방을 지배했던 킵차크한국과 전쟁 중이었다. 킵차크한국이 카파를 포위하고 있다 흑사병에 걸린 시신을 도시로 보내면서 주민들은 공포에 떨게 되었고, 병도 빠르게 퍼져 나갔다. 여기서 출발한 제노바 상선이 옮겨 온 흑사병은 결국 시칠리아를 시작으로 금세 이탈리아 각지를 거쳐 스페인 영국, 프랑스, 독일, 스칸디나비아반도까지 퍼져 나갔다.[03]

흑사병은 영어로 '페스트'라고 한다. 페스트의 어원은 전염병을 뜻하는 라틴어 'pestis'이다. 특정 질병이 아닌 전염병을 뜻하는 페스트가 흑사병으로 불리게 된 것은 그만큼 이 병이 중세 유럽에 미쳤던 영향이 강렬했기 때문이다.[04]

원래 흑사병은 다람쥐, 쥐, 비버 등 야생 설치류들이 벼룩에 의해 감염되는 돌림병이었다. 페스트균(Yersinia pestis)을 가지고 있는 설치류들이 대량으로 번식하게 되면서 인간에게도 위협을 주는 병으로, 페니실린을 발견한 후 항생제와 백신 등이 발달하기 전까지 치사율이

---

03 중세 유럽에 흑사병이 유입된 이유에 대한 또 다른 가설로는 십자군 원정이 있다. 십자군 원정을 통해 많은 전리품과 함께 페스트도 유럽에 유입했다는 것이다.

04 유럽에서 대규모로 퍼진 최초의 흑사병은 541년경 시작되어 약 200여 년간 지속되었다. 게르만족과 여러 유목민의 이동으로 유럽에 전파되었다. 가장 피해가 컸던 시기는 동로마 제국의 유스티니아누스 1세 때로 당시 콘스탄티노플 인구의 절반 이상이 이 병으로 사망한 것으로 전해진다.

무려 50~80퍼센트에 달하는 병이었다.

유럽 중세는 기독교적 세계관이 지배한 시기였다. 따라서 전염병이 확산되는 것 또한 신이 세상에 분노해 내린 벌로 인식되는 분위기였다. 신이 내린 벌이라는 믿음으로 성당에 함께 모여 기도함으로써 전염병은 더욱 확산되었다. 신이 분노한 이유를 유대인, 거지, 나병 환자 등에게 돌리며 마녀사냥을 자행했고 그들은 희생양이 되었다. 특히 유대인의 경우 "유대인이 우물을 오염시켰다", "유대인이 병을 발생시켰다" 등의 근거 없는 소문들로 개개인은 물론 공동체 전체를 학살하기도 하였다.

심지어 당대 천문학자들과 의학자들은 전염병의 원인을 14세기 중엽 물병자리 근처의 토성과 목성, 화성이 일직선으로 겹친 천체 이변의 결과라고 발표하였다. 전염병에 지식이 없었던 탓에 의사들은 당시 만병통치약이라고 여기던 설탕을 처방하고, 불에 달군 쇠로 찌르거나 피를 뽑아내기도 하였다. 소변으로 목욕을 시켜 병을 더욱 악화시키기도 하였다. 자신을 보호하기 위해 까마귀를 닮은 복장을 하고, 부리 부분에는 강한 향이 나는 허브와 약초를 넣었다. 또한 마녀를 상징하는 동물로 여겨진 고양이도 마녀와 함께 전염병의 원인으로 잡아들였다. 천적인 고양이가 사라지면서 오히려 병의 실질적인 원인인 들쥐가 번식해 유럽 사회는 더 큰 피해를 입게 되었다.

흑사병으로 인한 피해는 엄청났다. 14세기 중엽까지 유럽에서만 무려 7,500만 명에서 1억 명 정도가 사망했다. 이것은 당시 유럽 전체 인구의 3분의 1 정도에 달하는 규모였다. 이로 인해 중세 유럽 사회는 큰 변화를 맞게 된다. 주종관계와 장원제의 체제 속에서 유지된 중세의 봉건제가 흔들리게 된 것이다.

　장원을 소유하고 농노를 지배했던 영주는 농노의 감소로 직접적인 타격을 받았다. 흑사병으로 노동력이 부족해지면서 임금은 무려 5배나 상승하게 되었다. 오히려 영주들이 일손 확보를 위해 농노의 눈치를 봐야 하는 상황까지 이르렀다. 결국 돈을 받고 신분을 해방시켜 주거나 세금을 줄여 줄 수밖에 없었다. 그럼에도 불구하고 임금을 감당하지 못해 파산하는 영주들이 많아졌다.

　이처럼 수세기 동안 중세 유럽을 지탱해 온 봉건 질서는 흑사병으로 서서히 무너지게 되었다. 흑사병이 창궐하면서 부당하게 부를 쌓아 온 교황과 가톨릭교회는 신뢰가 바닥에 떨어졌다. 자격도 안 되는 사람들까지 사제가 되면서 가톨릭교회의 권위는 떨어졌다. 결국 가톨릭교회에 대한 불신은 16세기 시작된 종교개혁의 원인이 되었다.

 흑사병이 낳은 제도, 검역

흑사병으로 가장 큰 피해를 겪어야 했던 도시 중 하나인 베네치아. 흑사병을 경험한 이후부터는 다른 국가의 배가 항구로 들어오기 전 일단 도시에서 멀리 떨어진 섬에 격리부터 하였다. 40일 동안 전염병 이상 유무를 확인한 후에 도시로 들어올 수 있었다. 왜 하필 40일일까? 여러 가지 의견이 분분하지만, 당시 기독교 세계에서 40일이 '40일간의 대홍수', '예수의 금식 40일' 등 종교적으로 상징하는 바가 컸던 까닭도 있다. 이 전염병의 확인이 현재 검역의 시초이다. 검역을 의미하는 쿼런틴(quarantine) 또한 40을 뜻하는 콰란타(quaranta)에서 유래했다.

라틴 아메리카를 독립시킨 황열병, 산업화가 만든 콜레라

19세기 초 라틴 아메리카 일대가 유럽 국가들의 식민지가 되면서 많은 플랜테이션 농장이 생겨났다. 특히 카리브해 연안은 설탕 생산의 전초 기지로 거대한 사탕수수 농장들이 자리 잡았다.

당시 설탕은 '흰 금'으로 불렸을 정도로 가치가 엄청났다. 이곳의 노동자들은 아프리카에서 강제로 끌려온 흑인 노예들이었다. 흑인과 백인 사이에 태어난 혼혈인 물라토도 자유인으로 살았지만 차별을 받기는 마찬가지였다. 흑인 노예들은 이른 새벽부터 늦은 밤까지 백인 농장주들에게 노동력을 착취당했다. 가혹한 노동과 인종 차별로 갈등이 빈번했는데 프랑스 최대 설탕 생산지인 아이티 지역의 갈등이 극에 달했다.

이 과정에서 흑인 노예들과 백인들이 하나둘 피부가 노랗게 변하는 전염병에 걸리기 시작했다. 처음에는 열이 나다가 구토와 출혈이 동반되면서 결국 사망에 이르렀다. 이 전염병이 바로 피부가 노랗게 변한다고 해서 이름 붙여진 황열병(yellow fever)으로, 모기의 침 속에 있던 바이러스가 사람의 혈액으로 침투하여 발생하는 질병이다.

열대 지역에서 주로 발생하는 이 전염병의 존재를 몰랐던 백인들에게 황열병은 흑사병과 같은 끔찍한 질병이었다. 프랑스 군대가 강력한 무기로 폭동을 억압했지만 약 5만 명의 군인들이 황열병에 감염되면서 결국 아이티는 독립에 이르게 되었다. 하지만 아이티 원주민 10만 명도 황열병에 걸려 사망에 이르고 말았다.

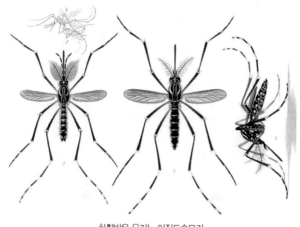

황열병을 옮기는 이집트숲모기

　황열병은 파나마 운하 건설의 판도도 바꾸어 놓았다. 1869년 수에즈 운하를 제안해 완성한 프랑스 기술자 레셉스(Ferdinand Marie de Lesseps, 1805~1894)는 1881년 태평양과 대서양을 잇는 파나마 운하의 건설도 제안하였다. 하지만 공사 중 인부들 사이에 황열병과 말라리아가 유행하면서 9년 동안 2만 명이 목숨을 잃고, 재정 로비 문제가 제기되면서 결국 운하 건설은 중단되고 만다. 그사이 미국이 운하 건설권을 인수해 재작업에 착수하게 되었다. 그 이전 미국은 황열병을 막기 위해 군의관 월터 리드(Walter Reed, 1851~1902)를 중심으로 대책반을 꾸렸다. 결국 미국은 모기로 인해 황열병이 전염된다는 사실을 알게 되었고, 대대적인 모기 퇴치 작업을 펼치며 운하 공사를 마무리할 수 있었다.

　황열병을 퇴치하기 위한 인류의 노력은 20세기 초반부터 급진적으로 이루어졌다. 1928년 영국 의학자 스톡스(Adrian Stokes)는 황열 바이러스가 원숭이에게 감수성을 보이는 것을 발견하였다. 1930년 남아프리카 공화국 출신의 의학자 막스 타일러(Max Theiler, 1899~1972)는 이 바이러스를 생쥐의 뇌 속에 접종할 수 있음을 발견하고 1937년 황열병 백신을 개발하여 1951년 노벨 생리의학상을 수상했다.

기원전 500년경 인도 갠지스강 하류 벵골 지역에서는 영문도 모른 채 사람들이 시름시름 앓다 죽음에 이르는 전염병이 유행했다. 세계적인 대유행은 19세기경이지만 그전부터 아시아, 유럽 등지에서 이 전염병이 여러 차례 발생했다. 처음에는 구토와 설사를 하고 이후 점차 탈수 증상을 보이며 피부가 늘어지고 주름이 생기다 결국 죽음에 이르는 무서운 전염병이었다. 중세 유럽을 무너뜨린 흑사병보다 더 많은 사람을 죽음에 이르게 한 이 전염병이 바로 콜레라(cholera)이다. 콜레라는 쓸개나 쓸개즙을 의미하는 그리스어 콜레(khole)에서 유래한다. 즉, 구토와 설사가 심할 때 녹색의 쓸개즙을 동반하는데 이를 일컬어 콜레라라고 불렀다.

인도 벵골 지역의 풍토병이었던 콜레라는 1817년 갠지스강에 위치한 콜카타를 중심으로 퍼져 나갔다. 당시 인도의 국제무역 중심지였던 콜카타는 영국군이 주둔했고 무역선이 수시로 드나들었다. 콜레라가 발생한 지 일주일 만에 영국군 5천여 명이 사망했고, 인도 전역으로 금세 확산되었다. 인도 대륙에서만 1860년경까지 약 1,500만 명 이상이 콜레라로 사망했고, 그 후에도 2,500만 명에 달하는 사람들이 목숨을 잃었다. 아시아와 아프리카로 오고 가는 상선들의 관문이었던 콜카타는 영국 상선들이 수시로 드나들면서 사람과 화물뿐만 아니라 전염병까지 옮기는 통로가 되고 만 것이다.

콜레라는 결국 중동과 동남아시아, 아프리카 등으로 확산되어 수십만 명의 목숨을 앗아 갔다. 또한 러시아와 동유럽, 독일, 프랑스 등으로 확산되면서 유럽에서도 수십만 명이 사망했다. 유럽에서 출발한 선박들이 북미 대륙으로 유입되면서 미국, 멕시코에도 전염병이 퍼졌고, 결국 중남미 지역까지 퍼지게 되었다.

구한말 조선에도 콜레라가 퍼져 사람들이 죽어 나갔다. 콜레라는 주로 괴질(怪疾)로 불렸으며, 호랑이가 살점을 찢는 것 같은 고통을 준다고 해서 '호열자(虎列刺)'[05]라고도 했다. 1821년 순조 때 "이름도 모를 괴질이 서쪽 변방에서 발생하여 도성에 번지고 여러 도에 만연하였다. 이 병에 걸린 사람들은 먼저 심하게 설사를 하고 이어 오한(惡寒)이 발생하는데, 발에서 뱃속으로 치밀어 들어 경각간에 열 명 중 한두 사람도 살지 못하였다. 이 병은 집집마다 전염되어 불똥 튀는 것보다 더 빨리 유행되었는데, 옛날의 처방에도 없어 의원들이 증세를 알 수 없다", "백성들이 순식간에 죽어 나가는데 치료할 방법과 약이 없고 인근 마을에도 퍼져서 열흘 만에 천 명이 죽었다"라는 기록이 남아 있을 정도로 매우 무서운 전염병이었다.

일제 강점기인 1919~1920년에도 무려 4만여 명이 콜레라를 앓았고, 이 중 2만 5천여 명이 사망했다. 당시 조선인들은 일본인들의 질병이라는 의미로 콜레라를 '화독(和毒)'이라고 불렀다. 해방 후에도 동포들이 귀환하면서 또다시 국내로 콜레라가 유입되고 말았다. 1946년 부산을 시작으로 확산되기 시작한 콜레라는 1만 6천여 명에 전염

---

05 이에 대해, 콜레라의 한자 표기 후례라(虎列剌, 호열랄)의 '랄(剌)'자가 모양이 비슷한 '자(刺)'로 와전됐다는 설도 있다.

되었고, 이 중 1만여 명이 사망하였다.

콜레라 하면 영국을 빼놓을 수 없다. 콜레라의 발생지인 인도가 당시 영국의 식민지였던 것도 있겠지만 무엇보다도 콜레라가 산업화와 관련되어 있기 때문이다. 일찍이 산업혁명으로 엄청난 혜택을 누린 영국은 이에 못지않게 산업화의 부작용도 매우 컸다. 그중 하나가 콜레라였다.

산업화로 인해 도시의 인구가 급증하면서 주택, 교통, 환경 등 다양한 부문에서 도시 문제가 발생하였다. 도시 빈민이 급속도로 늘었고, 환경 및 위생 여건이 악화되면서 정주 여건은 열악해져만 갔다. 이로 인해 도시에서는 콜레라가 여러 차례 재발했다. 1838년 한 해만 해도 1만 5천여 명이 목숨을 잃었고, 1849년에는 무려 5만여 명이 사망했다. 하지만 당시 의학 기술은 그 원인을 정확히 밝혀내지 못했다. 산업화로 인한 매연이 심했기 때문에 그 원인이 스모그 때문이라는 견해가 대부분이었다.

공기를 통해 콜레라가 전염된다는 학설은 빅토리아 여왕 당시 존 스노(John Snow, 1813~1858) 박사에 의해 부정되고 해법이 제시되었다. 그는 하수를 버리는 인근의 상수도 시설에서 공급된 물을 마시는 사람들이 콜레라에 걸렸다는 사실을 밝혀냈다. 이후 영국은 상수도 정화를 통해 도시의 보건 위생을 강화해 나갔다. 런던 템스강 주변에 720킬로미터 규모의 분류하수관을 설치해 생활하수와 공장 폐수를 바다로 내보냈다. 덕분에 템스강의 수질은 개선되고 악취도 사라졌다. 상하수도 시설도 개선되면서 콜레라로 인한 전염병 피해도 점차 사라졌다. 공중위생법과 공공의료법 등이 만들어졌고, 부유층의 전

유물이던 욕조도 집집마다 들어왔다. 콜레라로 인해 사회뿐만 아니라 개인의 위생 의식이나 수준이 높아지게 된 것이다.

하지만 안타깝게도 대유행기가 지난 콜레라는 지구촌 여러 곳에서

 TIP — **낭만주의의 상징에서 가장 무서운 병이 된 결핵**

외젠 들라크루아, 쇼팽의 초상화

창백한 얼굴에 "콜록콜록" 기침 소리, 붉은 피 묻은 손수건. 19세기 초까지 유럽 인구의 4분의 1을 죽음에 이르게 한 전염병, 결핵이다. 예술에서 낭만주의 사조가 자리 잡고 있던 당시 사람들은 심지어 이 병을 천재성의 상싱으로 여겼다. 쇼팽, 파가니니, 데카르트, 칸트, 스피노자, 실러, 도스토옙스키 등 수많은 천재적인 작가와 예술가들이 결핵으로 생을 마감했기 때문이다.

당시 새하얀 피부에 장밋빛 입술과 볼을 가진 여성상을 선호했던 탓에 유럽 사회에서 결핵은 아름다운 질병으로까지 미화되었다. 19세기 많은 문학이나 예술 작품에서 결핵은 청아하면서도 고상한 부유층 여성이 갖는 질병으로 그려졌다. 많은 사람을 죽음으로 몰고 간 전염병임에도 예술가들은 이 병을 낭만적인 시선으로 표현했다.

당시 결핵의 원인을 정확히 몰랐기 때문에 학자들은 그 원인이 그냥 나쁜 공기에 있다고만 생각했다. 그래서 사람들은 결핵에 걸리면 도시를 떠나 따뜻한 바닷가나 시골로 휴식을 떠났다. 이렇게 해서 등장한 것이 요양원이다. 세계경제포럼(WEF)으로 유명한 스위스의 다보스도 알고 보면 결핵 환자를 위한 요양지였다.

결핵은 무려 기원전 7000년경의 미라에서도 흔적이 발견될 정도로 인류와 함께해 온 전염병이다. 지난 200여 년 동안 결핵으로만 약 10억 명이 사망했고, 여러 가지 치료제가 개발된 지금도 여전히 인류에게 가장 무서운 질병 중 하나로 남아 있다.

여전히 기승을 부리고 있다. 아프리카와 중남미, 동남아시아 등 저개발 국가에서 내전 및 자연재해가 빈번히 발생하면서 콜레라가 끊이지 않고 있다.

2. 인류의 재앙, 신종 바이러스

세계대전보다 무서웠던 독감 바이러스

인류 역사를 되돌아보면 바이러스는 늘 인류와 함께했다. 독감, 감기, 에이즈, 담배모자이크병, 천연두, 소아마비, 구제역, 에볼라출혈열, 메르스, 지카바이러스감염증, 코로나바이러스감염증-19 등은 모두 바이러스가 원인인 질병이다.

1918년부터 발발한 스페인 독감은 인류 역사의 끔찍한 재앙으로 남아 있다. 약 2년간 지속되며 전 세계를 감염시킨 이 바이러스는 제1차 세계대전을 조기에 종식시킬 만큼 무서웠던 바이러스로 역사 속에 남아 있다.

스페인 독감은 스페인에서 발병한 독감은 아니지만 1918년 봄부터 6월 말까지 스페인에서 약 800만 명 이상의 환자가 발생해 당시 연합국들이 스페인 독감이라고 불러 이렇게 정해졌다. 당시에는 의료 지원이나 인프라가 매우 열악해 치사율이나 감염률이 매우 높았다. 세계대전이 진행 중이던 시기여서 병사들을 중심으로 빠른 속도로 전파되었다. 발발한 지 약 4~5개월 후에는 변이를 일으켜 남아프

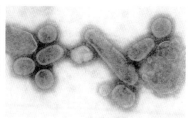

(위) 스페인 독감 바이러스의 현미경 사진
(왼쪽) 에드바르트 뭉크, 〈스페인 독감 후의 자화상〉

리카, 시베리아 등 고립된 지역까지 독감이 전파되었다. 이후 1919년 2월 다시 한 번 감염자와 사망자를 남기고 날씨가 더워지면서 점차 사그라져 종식 선언을 하게 되었다.

2년 동안 5천만 명의 목숨을 앗아간 스페인 독감의 위력은 어마어마했다. 미국, 유럽을 중심으로 전 세계로 퍼지다 보니 현재 우리가 잘 알고 있는 예술가들 또한 스페인 독감을 피해 갈 수 없었다. 세계적인 화가 뭉크(Edvard Munch, 1863~1944)도 1919년 당시 스페인 독감을 앓고 있었다. 그는 스페인 독감을 앓고 있는 와중에 여러 점의 자화상을 그려 스페인 독감의 공포감과 병상에서 고군분투하며 절규하고 고통 받는 자신을 표현하여 스페인 독감의 위력이 매우 심각함을 알렸다.

오스트리아의 화가 에곤 실레(Egon Schiele, 1890~1918) 역시 스페인 독감으로 아내와 뱃속의 아이를 한순간에 잃게 되었다. 실레는 스페인 독감에 걸린 아내 에디트를 극진하게 간호하며 자신의 어머니에게 다음과 같은 편지를 남겼다.

"9일 전부터 에디트가 스페인 독감을 앓고 있습니다. 그 사람은 지금 임신 6개월인데, 상태는 아주 절망적이며 목숨은 위태롭습니다. 저는 지금 최악의 상태에 대비해 마음의 준비를 하고 있습니다. 고통에 겨운 가쁜 호흡이 계속되고 있습니다."

이후 며칠 지나지 않아 실레 역시 인플루엔자에 감염되어 하루 만에 생을 마감하게 되었다.

스페인 독감으로 인해 목숨을 잃은 사망자 수는 제1차 세계대전으로 인한 사망자 수보다 세 배 정도 많은 수치여서, 전쟁보다 더 무서운 전염병이라는 역사적 기록을 남기며 끝나게 되었다.

에볼라 바이러스에서 신종 코로나 바이러스까지

1976년 콩고 민주공화국 에볼라강 인근에서 최초로 발견된 에볼라 바이러스는 필로바이러스과의 에볼라 바이러스속 내 한 종의 바이러스를 총칭한다. 1976년 에볼라 바이러스는 서아프리카 일대에서 기승을 부렸고, 나이지리아로 퍼지면서 걷잡을 수 없이 확산되었다. 대부분의 다른 바이러스와 마찬가지로 과일박쥐, 영양, 호저, 침팬지, 고릴라 등 감염 동물의 사체나 음식물, 그리고 감염된 사람의 혈액, 분비물 등에 접촉하면서 전염되는 바이러스이다.

이 바이러스의 숙주를 찾기 위해 과학자들은 끊임없이 조사하며 박쥐, 쥐, 거미 등 많은 동물을 채집하는 등 연구에 연구를 거듭하지만, 에볼라 바이러스의 기원은 아직도 명백하게 밝혀지지 않았다. 잠복기는 2일부터 20일까지 사람마다 다양하게 나타나며, 감염되면 전신에 출혈이 나타나고 면역 체계가 무너지면서 발병 10일 전후 사망한다. 치사율이 최고 90퍼센트에 달하여 '죽음의 바이러스'로 불린다.

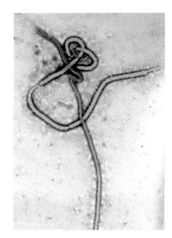

에볼라 바이러스

이후 종식된 것처럼 보이던 에볼라 바이러스는 2013년 12월 서아프리카의 기니에서 다시 시작되었다. 2016년 1월까지 기니, 라이베리아, 시에라리온, 나이지리아, 말리, 미국, 세네갈 등에서 약 3만여 명의 감염자가 발생했고 이 중 1만여 명이 사망했다.

에볼라 바이러스는 특히 보건 의료 체제가 취약한 아프리카를 중심으로 발생하여 치료 방법이나 치료제 개발 등이 선진국에 비해 많이 떨어질 수밖에 없어 더욱 안타까운 상황이었다. 국가마다 바이러스 종식 선언은 차이가 있다. 2016년 1월 14일 세계보건기구(WHO, World Health Organization)는 라이베리아에서 42일 동안 감염자가 나오지 않아 에볼라 바이러스 종식을 선언하게 된다.

2019년 12월, 중국 후베이성 우한에서 원인을 알 수 없는 폐렴 증상의 환자가 처음 발생하면서 세계적으로 퍼진 코로나 바이러스는 우리나라는 물론 전 세계적으로 많은 고통과 어려움을 안겨 주고 있다. 중국에서 처음 발생되어 보고된 지 3개월 만에 세계보건기구는 2020년 3월 11일 팬데믹을 선언하였다. 팬데믹이란 전염병 또는 감염병이 대유행하는 상태로, 세계보건기구가 선포하는 감염병 최고 경고 등급이다.

사실 코로나 바이러스 자체는 전부터 존재했던 바이러스종이다. 2003년 4월 중국 광둥성 포산에서 첫 환자가 발생한 이후 베트남과 싱가포르 등을 거쳐 퍼진 일명 사스(SARS), 2015년 중동에서 시작되어 전 세계로 퍼진 메르스(MERS) 모두 코로나 바이러스의 일종이다.

2019년 발생한 코로나 바이러스는 신종 코로나 바이러스로 판명되었으며 코로나-19 바이러스라고 불린다. 코로나바이러스감염증-19는 2022년 현재까지도 세계적으로 많은 감염자 수를 나타내고 있으며 우리나라도 예외가 아니다. 이 감염병은 걸리면 일반적인 감기 증상과 비슷하여 구분하기가 모호하다. 발열, 마른기침, 피로감 등의 공통적인 증상이 있으며 몸살, 인후통, 설사, 두통, 결막염, 미각 및 후각 상실, 피부 변색 등 다양한 증상들이 나타난다. 코로나-19 바이러스가 급격하게 퍼지면서 반려견이나 고릴라 등 여러 동물들도 감염된 사례가 뉴스를 통해 실시간으로 퍼지고 있다.

우리나라는 코로나-19 바이러스로 인해 2020년 이후 일상에서 많은 변화가 있었다. 외출 때 마스크를 의무로 착용하게 되었으며, 학교를 포함한 각종 다중 시설은 이용이 제한되었다. 재택근무를 하는 회사가 많아졌으며, 감염자 수가 늘어나면서 사람 간 전파를 예방하기 위해 엄격한 통제 정책들이 지속적으로 나왔다. 우리나라뿐만 아니라 다른 나라도 매우 위험한 상태이므로 해외여행은 꿈도 꿀 수 없

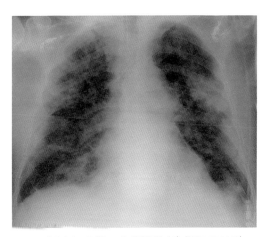

코로나바이러스감염증-19에 감염된 환자의 폐 엑스레이 사진

게 되었고 공항 이용객은 거의 없게 되었다. 일상이 많이 변화면서 경제적으로 많은 타격을 입는 업종도 매우 많아졌다.

코로나-19 바이러스와의 전쟁에서 승리하기 위해서는 정부뿐만 아니라 시민들의 의식과 자발적인 노력이 매우 중요하다. 기관 및 정부에서는 백신과 치료제 개발 및 보급을 위해 힘쓰고 있으며, 시민들은 개인 방역 및 위생을 철저히 하고 감염 수칙을 지키며 감염되지 않기 위해 각개전투를 해 왔다.

안타깝게도 시간이 지나면 지날수록 변종 바이러스의 출현으로 바이러스의 힘은 더욱 막강해진다. 코로나-19 바이러스 역시 시간이 지나면서 유럽형 변이, 남아공 변이, 영국 변이, 일본 변이 등 기존과 다른 형태의 변이 바이러스가 출현했다는 뉴스가 끊이지 않고 있다. 알파, 베타, 감마, 최근에는 오미크론과 그 변이형까지 여러 유형으로

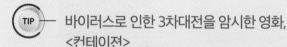

TIP — 바이러스로 인한 3차대전을 암시한 영화,
<컨테이젼>

2011년 미국에서 개봉한 스릴러 영화 <컨테이젼>(스티븐 소더버그 감독)은 2020년 코로나 바이러스로 인한 팬데믹으로 조명을 받았다. 영화는 홍콩 출장에서 돌아온 아내가 발작을 일으키며 사망하면서 시작된다. 머지않아 아들도 갑작스럽게 사망하고, 세계 각국의 사람들이 죽게 되면서 바이러스가 전 세계로 퍼지게 된다. 의료 전문가들과 WHO, 보건위원들이 원인을 밝혀내기 위해 고군분투하는 모습도 등장한다. 감염병으로 많은 사람들이 고통 속에서 죽고, 마스크를 쓰고 일상생활을 영위하는 사람들의 모습, 백신을 만들기 위해 노력하는 바이오 기업들, 바이러스와 피할 수 없는 확률 싸움을 벌이는 영화 속 장면들은 2020~2021년을 살아가는 우리의 모습을 예언하고 있다.

코로나-19 바이러스와의 전쟁이 끝나더라도, 과거에 그러했던 것처럼 미래에도 끊임없이 다양한 바이러스가 출현하고 인류와 바이러스의 전쟁은 계속될 것이라 예측되는 가운데, 재난의 사회적 의미를 되새겨 볼 수 있는 영화다.

변이를 일으키고 있어 백신과 치료제 개발도 난항을 겪고 있는 실정이다. 코로나-19 바이러스와의 전쟁은 지금도 계속되고 있으며 그 끝이 빨리 오기를 희망할 뿐이다.

에이즈의 원인, 원숭이 VS 동성애

에이즈(AIDS, 후천성면역결핍증후군)는 인간면역결핍바이러스(HIV)에 감염되어 발병하는 전염병이다. 걸리면 인체의 면역력이 떨어지고 종양이 발생해 사망에 이를 수도 있기 때문에 에이즈는 매우 무시무시한 전염병의 일종으로 인식되어 왔다.

에이즈의 원인에 대해서는 여러 가지 설이 있다. 원숭이와의 성 매개를 통해 감염되었다는 설, 동성 간 성교를 통해 감염된다는 설 등 별의별 이야기가 있지만, 이 모든 것이 백 퍼센트 사실은 아니다.

미국의 동성애 집단에서 발견되면서 과거 오해를 받기도 했지만 에이즈에 걸린 모든 환자가 동성애자는 아니며, 성생활과 별개로 주삿바늘의 공동 사용이니 바늘에 찔리는 사고 등으로 인한 전파, 모체에서 신생아에게로의 전파, 수혈 또는 혈액 제제를 통한 전파 등 전파 요인은 다양하다.

3. 바이러스를 막기 위한 노력

▒ 팬데믹에 대처하는 국제 사회의 협력

유엔 전문기구인 세계보건기구는 세계 인류의 건강한 상태 및 건강 수준을 유지하게 위해 만들어진 기구이다. 그렇다면 이곳은 구체적으로 어떤 일을 하는 국제기구일까?

1948년 정식으로 출범한 세계보건기구는 세계보건총회, 집행이사회, 사무국으로 구성되어 있다. 매년 5월 회원국 대표들은 스위스 제네바에 모여 세계보건총회를 개최, 전 세계 공중보건 정책과 관련한

다양한 의사 결정을 한다. 집행이사회에서는 총회에 상정될 의안, 결의문 등을 사전에 의결하고 위임된 사항을 처리하며, 전 세계의 공중보건을 위해 실현할 수 있는 방안들을 다각도로 연구한다. 그리고 사무국에서는 의료 분야의 전문가들과 함께 보건 사업에 대해 논의한다.

2020년 코로나바이러스감염증-19로 인해 팬데믹의 시대가 도래한 만큼, 이 시대를 살아가는 사람들의 건강과 안전을 위해 세계보건기구의 역할과 책임은 더욱 막중하다. 세계보건기구 전문가들은 세계가 코로나 바이러스와 함께 살아가는 방법을 꼭 배우고 체득해야 하며, 바이러스 유행병에 대비해 우리 모두가 노력해야 한다고 말한다.

이에 세계보건기구는 전염병 및 질병을 예방하기 위한 관리를 지원

스위스 제네바에 있는 세계보건기구 본부

하고 코로나바이러스감염증-19를 위한 전략 및 대응 계획 등을 세우며 공중보건 문제에 대처하고 있다. 또한 각국의 국가보건위원회, 다른 기구·기관들과 협력해 공식적으로 코로나 바이러스 감염 예방 수칙을 널리 알리고 있다. 뿐만 아니라 인공 지능을 활용한 보건 위생 정책 등 시대에 맞게 의료 보건 서비스의 질을 높이기 위해 노력하며, 코로나 바이러스의 기원을 찾기 위한 국제 조사를 실시하는 등 바이러스와의 전쟁에서 이기기 위해 많은 노력을 기울이고 있다.

국제기구 외에도 바이러스 감염을 막기 위한 여러 비정부기구(NGO)의 노력도 끊임없이 이어지고 있다. 유니세프, 월드비전, 국경없는의사회 등은 인간의 가치를 존중하며 시민사회의 공공성을 높이기 위해 구성된 자발적인 비영리 단체이다. 국제적으로 활동하는 비정부기구의 규모는 4만여 개로 어마어마하다. 이들은 여러 분야에서 다양하게 활동하고 있다. 코로나 바이러스로 인해 국가와 세계가 어려운 상황에서 각종 보건 사업, 예방 활동, 옹호 활동 및 협업, 다각적인 아동 보호 등을 통해 세계 많은 국가들에 도움을 주고 있다. 특히 감염병의 예방과 치료를 위해 협업하며, 지속적인 모니터링을 통해 바이러스의 변이, 전파 가능성에 주의하고 대응하며, 국가 차원을 넘어 세계적인 차원에서 보건 시스템을 강화하기 위해 끊임없이 노력하고 있다.

미국 질병통제예방센터(Center for Disease Control and Prevention, CDC)와 세계은행, 국제통화기금(IMF) 역시 국제 사회가 처한 어려움을 함께 해결하기 위해 많은 도움을 주고 있다. 질병통제예방센터는 질병을 관리하고 예방하는 미국 중앙 부서 중 하나이다. 관련 인력만 3천 명이 넘는데, 전염병의 추세를 점검하며 미국뿐만 아니라 전 세계의 질

미국 질병통제예방센터(CDC) 본부

병에 관여하고 있다. 세계은행과 국제통화기금은 국제 감염병에 취약하며 경제 위기를 겪고 있는 개발도상국들에게 자원을 지원함으로써 위기에 처한 국가들이 보건 의료 시스템을 구축함은 물론 조금이나마 경제적인 어려움을 극복할 수 있도록 물질적 지원 및 후속 지원, 부채 경감 기금 등의 대책을 다각적으로 모색하고 있다. 이러한 세계의 기구·기관들은 코로나-19 극복을 위해서도 여러 지원을 아끼지 않고 있어 국제 사회에 많은 힘이 되고 있다.

팬데믹 시대의 도래에 따라 모든 국가와 시민들은 지구에서 함께 살아가는 모든 세계인들의 건강과 안녕을 위해 바람직한 시민의식을 발휘해 다자간 국제 협력을 통해, 이 어려움을 헤쳐 나가야 할 것이다.

⫸ 바이러스와 경제의 만남: 바이오 기업과 백신

바이러스와의 지긋지긋한 생존 싸움에서 가장 유력한 승리는 바로 백신의 등장이 아닐 수 없다. 우리의 인체는 병원체에 대응하여 항체를 만들어 내어 면역을 형성한다. 백신은 해당 바이러스에 대한 항체를 형성시켜 후천 면역을 생기게 함으로써 감염을 예방한다. 과거에 있었던 독감, 신종 인플루엔자 A 등 다양한 바이러스가 유행했을 때도 백신의 등장 덕분에 인류는 비로소 두려움에서 벗어났다.

그렇다면 백신은 어디서, 누가 만드는 것일까?

생명공학을 연구하는 바이오 기업들은 생물체의 유전자, 세포 등을 분석하고 연구하여 항체, 백신 등의 원천 기술은 물론 변화하는 산업 환경에서의 융합 기술 전략 등을 구상하며 팬데믹 시대에 더욱더 각광 받고 있다.

생명공학기술, 생명과학 기술, 바이오테크놀로지 등 다양한 용어로 불리는 바이오 관련 산업들은 생물의 유전자를 재조합하거나 전환하여 다양한 분야에 응용하는 기술을 연구하여 여러 산업 분야에 큰 도움을 주고 있다. 식품화학 분야, 화학섬유 분야, 품질 개량이나 식량 생산과 같은 농업 분야는 물론 생체 기능을 이용한 백신 개발 등 의약 분야에서도 큰 역할을 하고 있다.

바이오 산업은 과거에는 IT 산업, 중화학공업 등에 비해 많이 주목받지 못했다. 하지만 바이러스가 세계를 지배하고 있는 지금 바이오 산업의 잠재 성장률은 그 가치를 매길 수 없을 정도이며, 바이오 기업들에 대한 관심 또한 매우 높아지게 되었다.

코로나-19 바이러스 백신 개발을 진행하는 여러 바이오 기업 중 세계적으로 주목받는 기업으로는 미국 메사추세츠주 케임브리지에 위치한 모더나, 미국 제약회사 화이자, 스웨덴과 영국의 인수 합병을 통해 설립된 아스트라제네카 등이 있다. 이 기업들은 코로나바이러스 감염증-19로 일상생활이 어려워진 전 세계인들의 희망과 기대를 안고 백신 개발에 열을 올리고 있다. 백신이 개발되었다고 해도 임상 실험 및 부작용 사례 분석 등 어려운 과제가 남아 있지만, 백신이 개발되고 있다는 소식만으로 코로나-19 바이러스와의 지긋지긋한 전쟁이 끝날 수 있을 것이라는 희망을 품을 수 있다.

국내 주요 바이오 기업들도 핵심 항원을 연구하고 백신 후보 물질을 발현하거나 치료제를 개발하기 위해 많은 노력을 기울이고 있다. 특히 국내 시장이 과거 제조업 중심에서 IT와 바이오 시장으로 다각화됨에 따라 바이오 산업의 미래 가치는 더욱 커지고 있다.

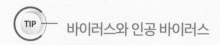

바이러스와 인공 바이러스

바이러스로 질병을 치료할 수 있게 되면서 많은 과학자들은 치료를 목적으로 한 인공 바이러스를 만들며, 유전병이나 암 같은 질병을 치료하는 데 인공 바이러스를 활용하기도 한다.

인공 바이러스가 바이러스 연구 발전에 많은 기여를 하고 인간의 질병 치료에 도움이 되는 것은 사실이다. 그러나 잘못 만들어진 인공 바이러스는 매우 위험한 생화학 무기로 사용될 수 있으며, 바이러스 합성 과정에서 뜻하지 않게 변종 바이러스가 생길 수 있다.

인공 바이러스가 세계적으로 전무한 것이 아니기 때문에 바이러스의 출현과 더불어 자연적 바이러스와 인공 바이러스를 두고 많은 논란이 생기기 마련이나. 특히 코로나바이러스감염증-19로 인한 펜데믹 시대를 맞이한 2020년 코로나-19 바이러스의 존재와 관련해 많은 가설과 논란이 제기되었다. 그중 하나가, 코로나-19 바이러스의 진원지는 중국 우한의 바이러스 연구소이며 이 바이러스가 자연 발생한 바이러스가 아니라 인공적으로 만들어진 바이러스라는 설이다. 이러한 주장에 대해서는 현재까지 많은 논란이 있다.

코로나-19 바이러스가 자연 발생 바이러스인지 인공 바이러스인지 과학적으로 증명하기는 매우 어려워 논란은 계속될 것으로 보인다.

에너지를 향한
인류의 욕망

인류가 지금과 같이 발전할 수 있었던 것은 에너지를 발견하고 발전시킨 덕분이다.

최초의 에너지원이었던 불은 인간이 다른 동물들과 달리 문명 생활을 할 수 있게 만들어 주었다. 인류가 발전을 거듭하며 고도화된 문명 생활을 이어 올 수 있었던 것은 바로 석탄, 석유, 전기와 같은 에너지원을 적절하게 확보하여 사용한 덕분이다.

이제, 화석 연료를 대체할 수 있는 대안으로 원자력 발전과 신재생 에너지가 떠오르고 있다.

1. '열'이 일하는 시대

증기 기관, 와트가 처음이 아니다

인간은 보다 편리하게 일하기 위해 많은 도구를 발명해왔다. 맨손으로 일을 하던 인류는 도구를 활용하면서 좀 더 쉽게 일하게 되었다. 도구의 재료 역시 돌에서 청동, 그리고 철로 진화했고, 다양한 도구의 발명으로 인류의 삶은 크게 바뀌었다.

대전광역시 유성구에 위치한 국립중앙과학관의 인류관과 과학 기술관에서는 인간이 발명한 다양한 도구들을 만날 수 있다. 이곳에서는 과거와 현재, 미래의 과학 기술을 체험할 수 있도록 다양한 전시관과 체험관을 운영하고 있는데, 인류가 만든 간단한 도구들부터 첨단 기술, 우주 연구 분야까지 한눈에 볼 수 있다.

도구를 만들던 인간은 점차 사람 손이 아닌 기계로 일하는 시대를 이끌어 냈다. 자연의 힘을 이용해서 물레방아나 풍차를 돌리던 지혜를 활용하여 스스로 동력을 만들기 시작한 것이다.

인간이 처음 사용한 동력원은 수증기였다. 주전자에 물을 넣고 끓이면 뚜껑이 들썩이는 것처럼, 용기 안에 물을 담고 가열해서 수증기에 의해 물체를 움직이게 하는 원리이다. 이것이 증기 기관의 기본 원리이며, 이렇게 만들어진 증기 기관은 사람의 손을 직접 사용하지 않고 물체를 움직이고자 한 인류의 오랜 꿈을 실현시켜 주었다.

토머스 뉴커먼(Thomas Newcomen, 1663~1729)이 만든 증기 기관은 상업적으로 성공한 최초의 증기 기관으로, 1770년에 영국 전역에서 100여 대가 가동되었다. 하지만 석탄을 구하기 쉬운 광산 인근에서만 작동이 가능하다는 한계가 있었다. 뉴커먼의 증기 기관을 수리하던 제임스 와트(James Watt, 1736~1819)는 석탄의 소비량을 줄여 광산 인근이 아니더라도 작동이 가능한 증기 기관을 발명했다. 덕분에 광산뿐만 아니라 방직기와 같은 기계의 작동에도 증기 기관이 도입되었고, 방앗간이나 직조 공장에서도 널리 활용되었다.

░ 산업혁명의 시작과 인클로저 운동

와트의 증기 기관 발명은 노동 방식 자체를 바꾸었다. 증기 기관에 여러 대의 기계를 연결할 수 있게 되어 공장식 생산 방식이 일반화된 것이다. 사람들은 집에서 일하는 대신 공장에 출근하게 되었고, 공장에서 다량의 물건을 값싸게 만들어 내면서 더 많은 물건을 소비할 수 있게 되었다. 교통수단에도 변화를 일으켜, 증기 기관차가 등장하게 되자 마차를 이용하여 근거리만 이동하던 사람들은 자신이 사는 지

의왕 철도박물관에 전시된 미카형 증기 기관차

역을 쉽게 벗어날 수 있게 되었다. 이는 사람들의 삶에 큰 변화를 일
으켰으며, 우리는 이 시기를 1차 산업혁명의 시기라고 한다.

　1차 산업혁명은 18세기 중반부터 19세기 초반까지, 약 1760년에서
1820년 사이 영국에서 시작된 사회, 경제 등의 큰 변화를 의미한다.
당시 영국에서는 발전된 농업 기술과 농기구의 사용, 새로운 작물의
개발, 가축의 신품종 번식 등으로 농업에 큰 변화가 생겼고 농작물의
생산량도 크게 증가했다. 일자리를 잃은 인력들은 공업 중심지에 몰
려들어 공장 노동자로서 노동력을 제공하게 되었다. 또한 농작물 생
산량의 증가로 식량뿐만 아니라 면과 모(양털)의 생산량 또한 증가하
여 섬유 산업의 발달도 촉진되었다.

전통적 방식의 면직 산업은 실 뽑는 기계인 방적기의 등장으로 생산량이 10배 가까이 증가하게 되고, 1800년대에 이르러서는 영국의 주요 산업이 되었다. 당시 작은 도시였던 맨체스터는 방직 공장이 모이면서 대도시로 성장했다.

영국뿐만 아니라 전 세계가 증기 기관을 도입하면서, 기계는 생산성 증가에 중요한

수력 방적기를 발명한 리처드 아크라이트

역할을 하게 되었다. 직물을 짜는 방직기는 직물의 대량 생산을 가능하게 했고, 섬유를 운송하는 증기 기관차, 증기선 등 수송 분야에도 큰 변화가 생겼다. 제철소에도 증기 기관이 도입되면서 철의 생산량이 크게 늘었으며, 다양한 분야에 철의 사용이 가능해졌다. 결국 섬유 산업과 제철 산업은 경제의 발전을 주도하는 큰 중심축이 된다.

이 시기에는 인구 증가로 인해 식량 수요가 증가하고, 이에 따라 곡물의 가격이 오르게 되었다. 산업혁명으로 농업이 기계화되어 능률적인 농작물 재배가 가능해지고 정부에서도 농업을 장려하는 정책을 내놓게 되었다. 자본가들은 토지를 독점하기 위해 울타리를 치고 공동의 권리를 막았으며, 소농민의 토지를 흡수하여 대농장을 경영하기 시작했다. 이와 같이 봉건 영주나 지주가 공유지와 소작지에서 소작농을 쫓아낸 뒤 토지에 경계를 만들어 소유권을 확보하고, 그 토지에

1차 인클로저 운동으로 양을 키우기 위해 농민들을 경작지에서 내몰면서,
"양은 온순하지만 사람을 잡아먹는다"는 탄식이 나왔다.

양을 방목하거나 임금 노동자를 고용하여 도시에 판매할 농작물을 재배하는 현상을 인클로저(Enclosure) 운동이라고 한다.

이와 비슷한 상황이 16세기에도 있었다. 당시 대서양으로 나가는 항로가 개발되면서 양모 가격이 크게 상승하여, 토지를 가진 봉건 영주들은 자신의 소유지에서 농사를 짓는 대신 경제적으로 이득인 목축업에 뛰어들기 시작했다. 중산층 토지 소유자인 젠트리 계층은 자신의 소유지에 판매용 곡물이나 양을 키우기 시작하고, 공유지에 울타리를 세웠다. 그로 인해 소작지나 공유지에서 농사를 지으며 살아가던 소작농과 영세 농민들은 농토를 잃고 고향을 떠나 도시로 쫓겨나게 되었다. 반면 젠트리 층은 막대한 부를 축적할 수 있게 되어 빈부격차가 심각해지는 상황이 되었다.

16세기의 1차 인클로저 운동에서 울타리의 역할이 목장을 만드는 것이었다면, 산업혁명기인 18~19세기 2차 인클로저 운동의 울타리는 상업적 농장 경영을 목적으로 세워졌다.

▒ 도시로 내몰린 농민들, 러다이트로 저항하다

인클로저로 농토를 잃은 소작농들은 도시로 향했다. 마침 도시에서는 증기 기관을 이용한 기계들의 발명으로 많은 공장이 생겨 많은 임금 노농사를 필요로 했다. 농촌 인구의 대부분이 도시로 이주하면서 도시 인구는 폭발적으로 증가하였다.

자본가들은 적은 임금으로 노동자들을 고용하여 하루 12시간 넘는 장시간 노동을 시켰다. 그 결과, 노동 시간에 비해 적은 임금을 받는 노동자들은 가족의 부양도 어려웠던 반면, 자본가들은 많은 재산을 모아 호화로운 생활을 누릴 수 있었다. 여성이나 어린이의 노동도 크게 늘어났는데, 만 7세가 지난 어린이들이 제대로 쉬지도 못하고 매일 10시간 이상 탄광이나 공장에서 일하는 경우가 빈번했다.

당시는 일정 금액 이상의 세금을 내는 부유층 남성에게만 투표권이 부여되었기 때문에 정부에서 정책을 세울 때 노동자들은 소외되었다. 결국 노동자들의 삶은 점점 피폐해지고, 빈부격차는 급속도로 벌어졌다.

이런 상황이 지속되자 노동자들의 불만이 폭력적인 형태로 나타나기 시작했다. 일부 노동자들이 "기계로 인해 계속 고통을 받을 바에야 차라리 부숴 버리는 게 낫다"고 주장하며, 공장이 가동되지 않는

밤이 되면 몰래 망치로 기계를 부수거나 공장을 불태우는 사건이 벌어졌다. 러다이트(Luddite) 운동이 시작된 것이다.

러다이트 운동은 1811년부터 1817년까지 영국 중부·북부의 직물 공업 지대에서 일어난 대규모 기계 파괴 운동이다. 제너럴 러드 또는 네드 러드라는, 실존 여부가 불분명한 인물의 지도 하에 조직적으로 전개되어 러다이트 운동이라 불리게 되었다.

러다이트 운동

러다이트 운동은 산업혁명으로 자본주의 시장경제가 자리 잡아 가던 영국에서 노동자들이 자신들의 권익을 요구하고 자본가에게 맞선 최초의 계급투쟁이자 노동운동이라는 데 의의가 있다. 러다이트 운동은 대중의 열렬한 지지를 받았고, 일부 지식인들조차 노동자들의 요구를 지지했다. 하지만 정부의 탄압이나 강경 대응, 그리고 이미 기계로 인한 생산성 향상을 무시할 수 없었기 때문에 저항 과정에서도 노동자들의 불안감은 지속되었다. 결국 노동자들은 폭력 투쟁이 아닌 의회 민주주의로 투쟁하는 방식을 선택하였고, 이를 차티스트(Chartist) 운동 또는 차티즘이라고 한다.

노동자들은 이 과정에서 나이 외의 자격 조건을 두지 않고 국민 모두에게 선거권이 주어지는 보통선거를 요구했다. 결국 노동자들은 노조 설립이 허용되고 단체교섭을 인정받는 등 누려야 할 권리를 하나둘 찾기 시작했다. 노동조합이 자본가와 협상하고 협상한 내용을 문서화하는 권리인 단체교섭권도 차티스트 운동에서 유래한다.

TIP ── 살아남는 나방을 결정하는 요인은?

19세기 영국의 공업 지대에서는 산업혁명으로 석탄 사용이 급증하면서 공기의 질을 포함한 환경이 급격히 나빠졌다. 이를 직접 눈으로 확인할 수 있는 현상이 나타났는데, 바로 회색가지나방의 개체수 변화이다.

원래 회색가지나방은 흰색과 어두운 색의 종이 있는데 그 당시에는 밝은 색의 나무와 지의류에 효과적으로 위장할 수 있는 흰색의 종이 대부분이었다. 하지만 1848년 영국 맨체스터에서는 날개가 검은 가지나방이 처음 보고되었고, 그 후 영국 전역에서 공업 지역을 중심으로 검은 가지나방의 개체수가 점점 늘어가 마침내 흰색 종보다 많아지기에 이르렀다.

과학자들은 가지나방의 개체수 변화에 주목하고 이 현상의 원인을 찾았다. 즉, 과거 공기가 깨끗할 때는 나무 기둥이나 줄기가 지의류에 덮여 있어 낮에 쉬고 있는 흰색 가지나방이 새의 눈에 잘 띄지 않았지만, 오염으로 지의류가 죽고 또 오염된 공기로 인해 나무 기둥과 줄기가 검게 되면서 눈에 띄는 먹이가 됐다는 것이다. 반면, 변이인 검은 가지나방은 눈에 띄지 않게 되어 점차 개체수가 늘어났다고 설명하면서 이를 '공업 암화 현상'이라고 했다.

이후 1956년 「청정대기법」으로 대기 오염을 규제하면서 검은 가지나방의 개체수가 다시 줄어들고 흰색 가지나방의 개체수가 증가하여, 나방의 진화에 자연 선택이 미친 영향을 증명하게 된다.

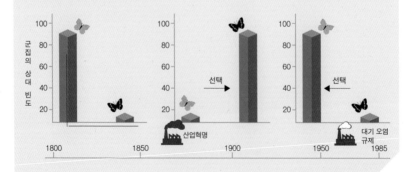

2. 세상을 바꾼 전기

⬛ 전기를 알아보다

인류는 1차 산업혁명에 그치지 않고 끊임없이 새로운 연구를 시도하였다. 그 결과 19세기에서 20세기 초, 지금 사용되는 편리한 제품들이 전기 에너지를 기반으로 대량 생산되었다.

서울 서초구 한전아트센터에 위치한 전기박물관에서는 인류의 전기 에너지에 대한 욕망을 한눈에 볼 수 있다. 이곳은 우리나라의 전력 공급을 담당하는 기관인 한국전력에서 건립한 박물관으로, 전기의 역사를 체계적으로 정리하여 보존하고, 전기의 중요성과 근대 과학의 발전 과정을 알려 준다.

전기는 우연한 계기로 발견되었다. 기원전 600년경 그리스의 철학자 탈레스(Thales, 기원전 624~전 545)는 어느 날 헝겊으로 호박(琥珀)을 문지르다가 작은 먼지들이 호박에 달라붙는 현상을 발견했다. 호박은 나무에서 흘러나온 진액이 굳어 만들어진 보석이다. 탈레스는 호박에 광택을 내기 위해 헝겊으로 닦았는데, 문지를수록 오히려 호박에 작은 먼지들이 달라붙는 것을 보게 되었다.

그 후 2천 년이 지나 영국의 의사 윌리엄 길버트(William Gilbert, 1544~1603)가 이 현상을 '전기(electricity)'라고 칭했다. 호박을 그리스어로 엘렉트론(elektron)이라고 한 데서 유래한 단어이다. 길버트는 헝겊으로 유리 막대나 종이, 빗 등을 문지를 때도 이와 같은 현상이 나타난다는 것을 알아냈으며, 전기와 자기에 대한 보다 세심한 연구를 수

행했다.

이후 전기와 자기에 대한 연구는 급격히 발전했다. 1819년부터 1820년까지 외르스테드(Hans Christian Ørsted, 1777~1851)와 앙페르(André Marie Ampère, 1775~1836)는 전기 현상과 자기 현상이 사실은 같은 것이라는 전자기 개념을 발견했으며, 마이클 패러데이(Michael Faraday, 1791~1867)는 1831년 전기를 이용하여 회전하는 전동기(모터)를 발명했다. 1827년 옴(Georg Simon Ohm, 1789~1854)은 전기 회로를 수학적으로 분석하고, 제임스 클러크 맥스웰(James Clerk Maxwell, 1831~1879)은 1862년 발표한 논문에서 전기와 자기를 하나로 통합하였다.

전동기를 발명한 마이클 패러데이. 전동기의 발명으로 증기 기관차는 노면 전차나 전기 기관차로 바뀌고, 지하철도 배기 가스가 없는 전기 철도로 바뀌었다.

⊪ 에디슨, 밤을 비추다

19세기 초까지 전기에 대한 과학적 지식이 급격히 쌓였다면, 19세기 말은 기술공학적으로 엄청난 진보가 이루어진 시기라 할 수 있다. 에디슨(Thomas Alva Edison, 1847~1931)을 포함한 수많은 과학자들은 전기를 과학적 호기심의 대상으로부터 근대적 생활의 필수 도구로 전환시켰고, 이는 2차 산업혁명을 견인하는 동력이 되었다. 1차 산업혁명이 기계의 사용으로 공장제 생산의 혁신을 가져왔다면, 2차 산업혁명은 대량 생산 체계의 혁신으로 인한 변화라고 할 수 있으며, 그 중심에는 에디슨이 있었다.

토머스 에디슨

토머스 앨비 에디슨은 우리가 흔히 '전기' 하면 떠올리는 인물이다. 미국의 발명가 및 사업가이며, 1,093개의 미국 특허가 있을 정도로 많은 발명품을 남긴 사람이다. 에디슨의 업적은 전기를 발명한 것이 아니라, 전기를 이용한 제품을 대량으로 생산할 수 있는 체계를 만든 것이다.

1879년 10월 22일, 에디슨은 백열광을 40시간 유지하는 데 성공했다. 그해 12월 31일, 먼로파크에서 처음 백열 전구를 일반에 공개하면서 이 전구는 에디슨의 대표적인 발명품이 되었다. 하지만 에디슨만이 유일하게 전구를 발명한 것은 아니었다. 영국 물리학자 조지프 스완(Joseph Wilson Swan, 1828~1914)이 비슷한 시기 전구 개발에 성공했고, 에디슨도 스완의 특허권을 사들여 활용하기도 했다. 스완 외에도 윌리엄 소여(William Edward Sawyer, 1850~1883), 하인리히 괴벨(Heinrich Göbel, 1818~1893) 등 수많은 사람들이 전구를 고안해 냈지만, 대부분 빛을 오래 유지하지 못하고 생산비가 비싸서 대규모로 공급하기 힘들었다. 그러므로 에디슨은 전기로 빛을 내는 전구를 최초로 발명한 사람이 아니라, 최초로 상업성과 실용성을 갖춘 백열 전구를 개발한 사람이라고 할 수 있다. 또한 에디슨은 '에디슨 효과'의 발견으로 3극 진공관 발명의 기초를 놓아 라디오 발명의 길을 연 발명가이기도 하다.

강원도 강릉시에 위치한 참소리 축음기·에디슨 과학박물관에 가면 에디슨의 수많은 발명품을 직접 만날 수 있다. 손성목 관장이 아버지로부터 물려받은 축음기를 시작으로 에디슨의 가장 대표적인 발명품인 전구와 영사기를 비롯하여 전기 자동차 외 2천여 점의 발명품과 유품 등을 전시하는 세계 최대 규모의 에디슨 박물관이다.

에디슨은 후에 자신이 세운 전기 조명 회사를 기반으로 제너럴 일렉트릭이라는 회사를 설립했다. 현재의 제너럴 일렉트릭은 에디슨이 세운 회사를 기반으로 성장한 세계 최대의 글로벌 인프라 기업으로 전력, 항공, 헬스 케어, 운송 분야의 사업을 하고 있다. 원자 연료, 제트 엔진, 원자력 발전 설비도 제조하며 생산량 중 많은 양을 미국 국방부에 납품하고 있다.

직류냐 교류냐: 테슬라의 혁신

에디슨과 함께 전기 산업을 대표하는 인물로 니콜라 테슬라(Nikola Tesla, 1856~1943)가 있다. 테슬라는 미국 에디슨 연구소의 연구원으로 일하던 중 에디슨이 발명한 직류 전기(direct current, DC)의 문제점을 해결한 교류 전기(alternating current, AC)를 제안했다. 하지만 당시 직류 전기 기반의 축음기, 전화 송신기를 발명해 부를 축적하던 에디슨에게 교류 전기를 인정한다는 것은 자신의 명성과 부를 빼앗길 수 있는 일이었다. 테슬라는 직류 전기가 일반인이 사용하기에는 비싸서 전기의 대중화가 어렵다는 이유로 교류 전기로 바꿀 것을 제안했지만, 이미 직류 전기 시스템에 많은 투자를 한 에디슨은 테슬라의 제안을 단칼에 거절했다.

테슬라는 결국 에디슨의 회사를 나와 자신의 회사를 설립했다. 그리고 교류 시스템에 필요한 발전기, 모터, 변압기를 만들었으며, '테슬라 코일'이라는 세계 최초 교류 전기 모터의 특허를 얻게 되었다. 때마침 기차의 공기 브레이크를 발명해 백만장자가 된 조지 웨스팅하우스(George Westinghouse, 1846~1914)가 테슬라 회사에 투자했고, 테슬라의 교류 시스템은 한층 발전하게 되었다.

결국 1888년 미국 뉴욕에서는 테슬라를 필두로 한 웨스팅하우스와 토머스 에디슨 사이에 전기 산업의 주도권을 놓고 '전류 전쟁'이 벌어지게 된다. 주 내용은 직류와 교류 중 어떤 것을 전기 시스템의 표준으로 삼느냐는 것이었다. 직류의 에디슨과 교류의 테슬라의 대립은 단순히 의견 주장에서 끝난 것이 아니라 전류 전쟁이라는 말 그대로 전쟁과 같이 치열하고 주도면밀했다.

세계 최초로 백열 전구를 발명하고, 84세의 나이로 사망할 때까지 무려 1,100여 개에 달하는 발명품을 내놓아 '발명왕'으로 불리던 에디슨은 테슬라의 교류 시스템에 흠집을 내고자 다양한 방법을 동원했다. 고전압 교류 전선에 가까이 갔을 때 발생할 수 있는 위험을 경고하는 전단지를 만들어 감전된 사람들의 명단을 실어 배포하거나,

교류 전기를 이용한 사형 집행 의자를 만들어 동물을 감전시켜 죽이는 모습을 광고에 싣는 등, 교류의 위험성을 알려 자신의 입지를 유지하는 데 수단과 방법을 가리지 않았다.

이 전류 전쟁의 승자는 1893년 시카고 만국박람회장에서 결정되었다. 박람회는 콜럼버스의 아메리카 대륙 도착 400주년을 기념해 열린 행사로 그 규모가 크고 켤 전

고전압 테슬라 코일 변압기 앞에서 책을 읽는 니콜라 테슬라. 이 한 장의 사진으로 교류는 위험하다는 에디슨의 주장을 잠재웠다.

구만 25만 개나 되었으며, 에디슨과 테슬라 측은 이 사업 유치를 위한 라이벌이었다. 하지만 테슬라가 고주파 교류 전력이 자신의 몸을 통과하는 실험을 진행하면서 교류 전기의 안전성을 입증했고, 결국 사업은 테슬라 측에 돌아갔다. 이후 교류 시스템이 전력 공급 방식의 표준으로 자리 잡게 되었다.

▒ 전기와 2차 산업혁명

19세기 후반부터 20세기 초반까지 등장한 다양한 발명이 기존의 산업을 크게 변화시켰고, 염료 산업, 전기 산업, 통신 산업, 자동차 산

업 등과 같은 새로운 분야의 산업이 등장했다. 이는 1차 산업혁명과 마찬가지로 당시의 산업 발전과 경제 성장에 커다란 영향을 미쳐 2차 산업혁명이라 부르며, 오늘날 기술 시스템의 토대가 된다. 강

 과학 기술과 산업혁명

당대의 산업 발전과 경제 성장에 영향을 미친 큰 변화라는 뜻으로 산업'혁명'이라고 불리는 이 과정에는 다양한 사회적 원인이 있었지만, 그 바탕에는 과학 기술의 발전이 있었다.

앞에서 소개한 1차 산업혁명은 유럽과 미국에서 약 1760년에서 1820년 사이에 걸쳐 일어났으며, 철강 산업이 증기 엔진의 개발과 함께 핵심적인 역할을 수행하였다. 2차 산업혁명은 제1차 세계대전 직전인 1870년에서 1914년 사이에 진행되었으며, 기존 산업의 성장과 함께 철강, 석유 및 전기, 통신 분야와 같은 신규 산업의 확장이 이루어졌다.

3차 산업혁명은 디지털 혁명이라고도 불리며, 아날로그 방식의 기계 장치에서 디지털 기술로 옮아 온 기술의 발전을 가리킨다. 컴퓨터를 활용한 정보화, 자동화 생산 시스템의 등장과 발전은 1970년대 이후 계속되고 있으며, 개인용 컴퓨터, 인터넷 및 정보 통신 기술 (ICT)이 변화에 포함된다.

최근 이슈가 되고 있는 4차 산업혁명은 인공 지능(AI)으로 자동화와 연결성이 극대화되는 산업 환경의 변화를 의미하며, 디지털 혁명을 토대로 진행되고 있다. 4차 산업혁명이라는 말은 세계경제포럼의 창시자인 클라우스 슈바프(Klaus Schwab, 1938~)가 2015년 처음 사용했으며, 자신의 저서 『4차 산업혁명』에서 이 4번째 혁명이 기술 발전에 의해 특징지어졌던 이전의 세 가지 혁명과 근본적으로 다른 점을 언급하고 있다. 4차 산업혁명의 혁신적인 분야로는 빅 데이터, 인공 지능, 로봇 공학, 사물 인터넷(IoT), 무인 운송 수단, 3차원(3D) 프린팅, 나노 기술의 7대 분야가 있다. 또한 개별적으로 발달한 각종 기술과 정보가 가상의 세계에서 융합되어 경제 및 산업 등 모든 분야에 영향을 미치게 되는 것을 의미한다.

철, 인공 염료, 전신, 전화, 자동차 등은 2차 산업혁명을 이끈 대표적 분야이다.

특히 이 시기에는 석유 분별증류법의 발견으로 석탄 대신 석유로 모터를 돌리는 내연 기관이 등장했고, 자동차에도 적용되기 시작하여 지금도 우리가 사용하는 대부분의 자동차가 내연 기관으로 작동하고 있다. 또한 전기 기술의 발달로 전동기, 전열기, 전기 조명 등 다양한 형태의 에너지를 활용할 수 있었고, 기존 증기 기관차의 엔진을 전기 모터로 대체한 전기 자동차도 처음 등장했다.

2차 산업혁명을 계기로 대기업이 기술 혁신의 핵심 주체로 부상했으며, 기술의 주도권이 영국에서 독일과 미국으로 이동했다. 기술 혁신은 당시 경제와 사회의 변화에도 큰 영향을 미치게 되었다.

2차 산업혁명의 시대에도 1차 산업혁명 시기와 마찬가지로 많은 도시 노동자가 공장 노동자로 전환되었고, 저임금 노동이 일상화되었다. 또한 사무직, 서비스, 판매 등 간접 생산 노동자의 수가 현저하게 증가하였다.

3. 새로운 에너지의 등장

▒ 판도라의 상자를 열다: 원자력

인류가 지금과 같이 발전할 수 있었던 이유는 에너지를 발견하고 발전시킨 덕분이다.

최초의 에너지원이었던 불은 인간이 다른 동물들과 달리 문명 생활을 할 수 있게 만들어 주었다. 불의 사용으로 인간은 철과 석탄이라는 화석 에너지를 이용하여 산업혁명을 일으킬 수 있었고, 산업혁명을 통해 교통과 통신이 빠른 속도로 발달하게 되었다. 농사를 지으며 자급자족하던 사회가 공장을 돌려서 생산된 물건을 사고팔며 살아가는 산업 중심 사회로 된 것이다. 긴 시간 동안 인류가 발전에 발전을 거듭하며 고도화된 문명 생활을 이어 올 수 있었던 것은 바로 석탄, 석유, 전기와 같은 에너지원을 적절하게 확보하여 사용한 덕분이다.

에너지는 앞으로도 우리에게 없어서는 안 될 존재이다. 하지만 석탄, 석유 등의 화석 연료는 다양한 이유로 우리가 필요로 하는 에너지원의 역할을 충분히 수행해 내지 못할 것이다. 그래서 화석 연료를 대체할 수 있는 대안으로 떠오른 것이 바로 원자력 발전이다. 원자력 발전은 핵분열 연쇄 반응을 통해서 발생한 에너지를 이용하여 만든 수증기로 발전기 터빈을 돌려 전기를 생산하는 것이다.

원자력 발전은 아주 적은 양으로 큰 에너지를 낼 수 있고, 석탄이나 석유와 같이 이산화탄소를 배출하지 않는다. 물론 핵 폐기물의 처리나 안전의 문제를 생각하지 않을 수는 없지만 말이다.

원자력 발전을 다르게 표현하면 핵 반응 에너지를 평화적으로 이용하는 것이라고 할 수 있다. 이게 무슨 의미일까? 사실 인류 역사 상 핵 반응 에너지를 가장 처음 사용한 곳은 원자력 발전소가 아닌 제2차 세계대전의 전쟁터였다. 1945년 일본 히로시마와 나가사키에서 사용된 원자 폭탄이 바로 그것이다.

원자 폭탄은 아인슈타인에 의해
현실화되었다. 독일의 과학자였던
아인슈타인은 나치를 피해 미국으
로 망명하며 히틀러가 핵 반응 에
너지를 이용하여 전쟁에 사용할
무서운 무기를 만들 것임을 루스
벨트 대통령에게 알렸다. 루스벨
트 대통령은 이를 막기 위해 아인
슈타인에게 독일보다 먼저 핵 폭
탄을 만들 것을 요구했고, 아인슈

알베르트 아인슈타인

타인은 그 요구대로 독일보다 먼저 원자 폭탄을 발명해 냈다. 결국 원
자 폭탄은 전쟁을 끝내는 데 결정적인 역할을 했지만, 그 대가는 참
혹했다.

이후 1953년 12월 8일 국제연합(유엔)에서 미국 아이젠하워 대통령
은 국제원자력기구(International Atomic Energy Agency, IAEA)를 창설하고
'핵 반응 에너지의 평화적 이용'을 선언했다. 핵 반응 에너지를 핵 폭
탄이 아닌 원자력 발전에 사용하자는 것이다. 원자력 발전은 미국, 영
국, 구 소련 등 기술을 보유하고 있던 나라를 중심으로 발전하기 시
작하였다. 이후 프랑스, 독일, 일본에서도 원자력 발전을 이용하기 시
작했고, 한국 역시 1978년 4월 고리 1호기를 시작으로 원자력 발전
을 이용하는 국가가 되었다.

이후 인류 역사 상 가장 큰 재앙으로 불리는 체르노빌 원전 사고가
1987년 구 소련에서 발생했다. 체르노빌 원전 사고는 무모한 실험으

로 발생한 최악의 사고였다. 원자력 발전은 핵연료를 제어봉으로 제어하면서 핵분열을 시킨다. 그때 발생한 열로 물을 끓여 증기를 만들어 내고, 그 증기로 거대한 터빈을 돌려 전기를 발생시키는 원리이다. 이때 과도하게 온도가 높아져 핵연료가 녹아 버리는 것을 막기 위해 냉각재를 사용하는데, 체르노빌 원전에서는 실험을 위해 인위적으로 냉각 장치를 꺼 버렸다. 이에 연쇄적으로 핵분열을 한 핵연료가 점점 뜨거워져 결국 핵연료가 녹아 내려 버렸다. 게다가 체르노빌 원전에는 우리나라와 같은 원자로 건물이 없었기 때문에 방사성 물질이 대기 중으로 그대로 누출될 수밖에 없었다.

이 사고로 인해 체르노빌은 아직도 일반인이 진입할 수 없는 죽음의 땅이 되었다. 끔찍한 사고를 겪고 나서 원자력 발전은 침체기를 맞았다. 20년 가까이 원자력 발전을 기피하며 화석 연료를 사용하였지만, 이산화탄소를 배출하는 화석 연료로 인한 환경 오염의 문제로 다시 원자력 발전의 필요성이 대두되었다.

하지만 또다시 원전 사고가 발생하고 말았다. 2011년 일본 후쿠시마에서 지진과 쓰나미(지진 해일)로 원자로가 폭발하며 방사성 물질이 외부로 누출된 것이다. 체르노빌 원전 사고와 달리 피폭으로 인한 직접적인 인명 피해는 없었지만 후쿠시마 지역 주민들뿐 아니라 일본 전역, 그리고 한국과 중국 등 주변 국가까지 피해를 입고 있는 상황이다.

원자력 발전이 분명 우리에게 유용한 에너지원이라는 것은 분명하지만, 한번 사고가 나면 그 피해 규모가 너무 크고 처참하기 때문에 원자력 발전의 규모를 점점 축소해야 한다는 방향으로 나아가고 있다. 독일은 2022년 원자력 발전소의 완전 폐쇄를 선언했고, 다른 나라도 점점 축소하고 있는 추세이다.

⁘ 전기 자동차의 등장과 신재생 에너지

원자력 발전은 분명 우리에게 큰 도움을 주는 에너지원임에는 분명하지만, 에너지를 얻는 대가로 돌아오는 위험 요소가 너무 크다는 사실은 부인할 수 없다. 그렇다고 계속해서 화석 연료를 사용하자니 이산화탄소 배출과 같은 문제로 환경 오염이 심각해지고, 언젠가는 지구에 묻혀 있는 화석 연료들의 고갈로 에너지의 수요와 공급이 불균형을 이룰 것이 뻔한 실정이다. 물론 에너지 고갈을 막기 위하여 에너지를 절약하는 것이 필요하지만, 현실적으로 고도화된 문명 사회를 유지하기 위해서는 막대한 에너지가 필요하기 때문에 에너지 절약만으로는 한계가 있다. 이러한 문제점들을 해결하기 위해 대안으로 떠오른 것이 바로 신재생 에너지이다.

신재생 에너지란, 기존의 화석 연료를 변환하여 이용하는 '신에너지'와, 태양열·태양광·풍력 등 재생 가능한 에너지를 변환하여 이용하는 '재생 에너지'를 합쳐 부르는 말이다. 우리나라는 신에너지(3개 분야)로 연료 전지, 석탄 액화·가스화, 수소에너지, 재생 에너지(8개 분야)로 태양열, 태양광 발전, 바이오, 풍력, 수력, 해양, 폐기물, 지열 등 모두 11개 분야를 신재생 에너지로 지정하여 활발하게 연구하고 있다.

신에너지 가운데 하나인 연료 전지는 전기 자동차에 사용되는 에너지이다. 석유를 이용하여 내연 기관을 움직이던 기존의 자동차는

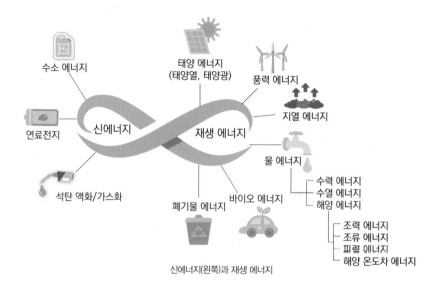

수소 에너지

연료전지 신에너지

석탄 액화/가스화

태양 에너지
(태양열, 태양광)

풍력 에너지

지열 에너지

재생 에너지

물 에너지

┌ 수력 에너지
├ 수열 에너지
└ 해양 에너지

┌ 조력 에너지
├ 조류 에너지
├ 피력 에너지
└ 해양 온도차 에너지

폐기물 에너지 바이오 에너지

신에너지(왼쪽)과 재생 에너지

이산화탄소와 같은 매연으로 인한 환경 오염은 물론이고, 매립되어 있는 양이 한정된 석유를 사용한다는 점에서 문제가 많았다. 이를 해결하기 위해 등장한 것이 바로 전기 자동차이다. 전기 자동차는 전기로 움직이기 때문에 석유를 전혀 사용하지 않아 매연이 나오지 않는다. 또한 기존의 자동차에 비해 소음이 적고 연비가 높은 장점이 있다.

하지만 사용자의 입장에서 불편한 점도 존재한다. 바로 기존의 자동차에 비해 아직 전기 자동차 가격이 많이 비싸다는 것이다. 많이 보급된 단계가 아니기 때문에 전기 자동차를 충전한다거나 수리할 때 불편함도 따른다. 하지만 미래를 위해 화석 연료 자동차에서 전기 자동차로의 전환은 필수적이다. 그래서 세계 여러 나라에서는 기술 개발에 힘쓰고 있다. 또 보조금이나 세금 혜택을 주어 전기 자동차의 보급에 힘쓰기도 한다.

재생 에너지는 에너지를 만들 수 있는 자원이 거의 고갈되지 않는다는 점이 매력적인 에너지이다. 햇빛, 물, 바람은 물론이고 옥수수, 사탕수수와 같은 식물, 우리가 쓰고 버린 폐기물까지 재생 에너지를 만들어 내는 자원으로 활용할 수 있다. 물론 재생 에너지를 만들기 위한 기반 시설을 만드는 데는 비용이 많이 들지만, 한번 만들면 거의 무한한 자원을 이용할 수 있고, 화석 에너지에 비해 친환경임을 생각하면 투자할 가치가 충분히 있다.

현재 세계는 신재생 에너지의 사용을 늘리고 있다. 환경을 보호하기 위해, 그리고 한정된 자원을 효율적으로 사용하기 위해서이다. 우리나라 역시 신재생 에너지의 사용을 점차 늘리고 있는 추세이다. 최근 공공 주택이나 빌딩, 공장 등 건축물의 설립 허가를 받으려면 친환경 법령을 지켜야 한다. '건축물 에너지 절약 설계 기준(E.P.I)'에 따라 설계를 해야 건축물을 지을 수 있는데, 이것은 에너지 사용량을 기준으로 13~15퍼센트를 신재생 에너지로 충족시켜야 한다는 조건이 있다. 이를 충족시키기 위해 태양광을 이용하거나 지열 발전, 연료 전지 등을 사용한다. 태양광을 이용하여 얻어진 전기를 공공 주택의 공용 시설에 사용하거나, 지열 발전으로 얻어진 에너지를 이용하여 에어컨을 작동시키기도 한다. 연료 전지를 이용하여 온수를 만들어 세대에 공급하기도 하고, 각 가정에서 태양광 패널을 직접 설치하여 전기를 얻는 모습을 쉽게 찾아볼 수 있다. 자동차 시장에도 친환경 바람이 불고 있다. 배기 가스와 연비 규제 등 환경 규제를 강화하고 있는 것이 대표적이다. 유럽 국가들은 배기 가스 기준에 미달하는 자동차 회사에 엄청난 벌금을 부과하고 있다. 우리나라에서도 자동차 배기 가스 배출량의 축소와 연비 개선에 대한 기준을 점점 강화하여 디젤보다 가솔린 자동차나 하이브리드 자동차, 전기 자동차로의 전환을 유도하고 있다.

유럽에서는 이미 값은 싸지만 매연이 심하게 나오는 디젤 자동차의 매출보다 전기나 하이브리드를 이용하는 친환경 자동차의 매출이 더 높아졌다. 이에 화석 연료 차량의 퇴출 시기를 2040년에서 2030년으로 앞당겨 예측하기도 한다. 이처럼 다양한 정책으로 우리나라는 신재생 에너지 사용량을 점차 늘려 가고 있다. 하지만 우리나라 2020년 총 발전량에서 재생 에너지 발전이 차지하는 비율은 6.4퍼센트로, 세계 평균 26퍼센트에 비해 미미한 수준이다. 앞으로 신재생 에너지를 더 연구하고 실용화할 수 있도록 책임감을 갖고 노력해야 할 것이다.

▓ 우리 모두를 위해, 지속 가능한 에너지

지속 가능한 에너지란 햇빛, 물, 지열, 강수, 생물 유기체 등을 포함한 재생 가능한 에너지를 변환시켜 이용하는 에너지이다. 세계는 지금 신재생 에너지 사용을 추진하고 있다. 하지만 장기적으로 봤을 때 신에너지는 화석 에너지를 가공하여 사용하는 에너지로 완벽한 친환경을 추구하기에 문제가 있다. 물론 기존의 화석 에너지에 비해 환경 오염이 적지만, 재생 에너지처럼 완벽한 친환경은 아니라는 의미이다. 하지만 기업의 요구와 현실적인 부분을 생각했을 때 신에너지를 무시할 수는 없다. 그렇기에 신에너지를 친환경 에너지 수준으로 개발하는 노력과 더불어, 궁극적으로는 완벽한 친환경 에너지인 재생 에너지로의 전환이 필요하다.

지금은 재생 가능한 에너지의 시대라고 불러도 될 만큼 세계 각국과 기업에서 신재생 에너지에 대한 관심이 높다. 2017년 미국 트럼프 대통령이 파리 기후 변화협정 탈퇴를 선언하였다. 당시 세계적 기업인 애플, 페이스북, 구글, 마이크로소프트, 테슬라 등의 CEO들은 이를 강하게 비판하였다. 그들은 기후 변화에 대응하지 않는다면 기업의 미래도 없다고 주장하였다. 한마디로 기후 변화에 대응하는 것, 친환경 기업으로 나아가는 것이 기업 경쟁력에 도움이 된다는 의미이다.

2011년 페이스북은 그린피스가 주도한 '석탄과 친구 끊기' 캠페인을 시작으로 장기 계획 하에 백 퍼센트 재생 가능한 에너지를 사용하는 최초의 IT기업이 되었다. 애플 역시 모든 데이터센터를 백 퍼센트 재생 가능한 에너지로 운영하고 있는 기업이다. 이러한 변화는 소비자들의 친환경 제품에 대한 요구를 충족시키고 브랜드 이미지를 향상시키는 데 큰 역할을 하고 있다. 더 나아가 재생 가능 에너지 기술이 발전하면서 가격이 싸지고 공급이 안정화되어, 이를 선택한 기업들은 친환경이며 값싼 전력을 통해 수익을 얻고 있다.

기업뿐만 아니라 개인들 사이에서도 재생 가능한 에너지에 대한 관심이 점점 높아지고 있다. 지금까지 개인들은 대형 발전소에서 만들어진 전기를 대규모 송전선을 통해 공급받아 사용하는 소비자에 불과했다. 하지만 재생 가능한 에너지에 관심을 갖기 시작한 사람들은 에너지 소비자에 머무르는 것에 만족하지 않고, 에너지를 직접 생산

에너지 자급 마을인 독일 다르데스하임

하고 사용하는 '에너지 프로슈머(energy prosumer)' 또는 '에너지 시민'이 되기 원한다. 예를 들어 집에 태양광 발전기를 설치하여 전기를 직접 생산하여 사용하거나 태양광, 풍력 등 재생 가능한 에너지 발전소에 투자하는 것이 그것이다.

독일, 덴마크와 같은 에너지 전환 선도 국가들에서는 이미 수많은 협동조합이 만들어져 '에너지 시민'의 역할을 수행하고 있다. 우리나라에서도 에너지 협동조합이 전국적으로 200여 개(2022년 기준) 존재한다. 이 중 약 66개가 태양광을 이용하는 '햇빛 발전 협동조합'으로, 조합원들의 출자금을 모아서 재생 가능한 에너지 발전소를 설치하고 운영하여 전력을 생산해 낸다. 이렇게 만들어진 전력은 판매하여 수익금을 배당금의 형태로 나누거나 공동체 운영에 재투자한다. 이러한 협동조합은 지역의 경제적 수익을 증대시켜 줄 뿐만 아니라 친환경 에너지로의 전환이라는 근본적인 목표에 달성할 수 있게 도와준다.

이미 백 퍼센트 재생 가능한 에너지만으로 전력을 공급하는 국가들도 존재한다. 물론 아직은 기술적으로 부족하여 완벽한 전환은 이루어지지 않았지만, 며칠 동안 국가 전체 전력을 백 퍼센트 재생 가능한 에너지로만 사용한 기록은 분명 의미 있는 시작이다. 독일, 스코틀랜드, 사우스오스트레일리아주, 포르투갈, 덴마크 등이 이러한 전환 운동에 앞장서고 있는 나라나 지역들이다. 우리나라 역시 충분히 가능하다. 정부와 지자체, 기업과 개인들이 환경을 보호하려는 목표 의식을 가지고 꾸준히 노력한다면 세계적 흐름에 동참하여 발맞춰 나아갈 수 있을 것이다.

지구 안에 태양을: 핵융합 에너지

세계는 점점 더 고도화된 문명을 운영, 유지하기 위해 지금보다 더 많은 양의 에너지를 필요로 할 것이다. 현재 우리가 사용하고 있는 에너지가 생성되는 양보다 많기 때문에 언젠가는 에너지 고갈 문제가 대두될 수밖에 없다. 이를 해결하기 위해서 세계 각국에서는 신재생 에너지를 개발하고 있지만 이것이 완벽한 에너지원이 될 수는 없다. 신에너지는 기본적으로 화석 에너지를 변형하여 만들어지는 것이기 때문에 환경 오염의 문제에서 완벽하게 벗어날 수 없다. 재생 에너지는 친환경 에너지로 환경 오염 문제는 일으키지 않지만, 에너지를 얻기 위해 환경 조건이 맞아야 하고, 한꺼번에 많은 양의 에너지를 만들어 내는 데 한계가 있다. 그래서 등장한 것이 바로 핵융합 에너지이다.

핵융합은 핵분열을 통해 에너지를 얻는 원자력 발전과 반대되는 개념이다. 핵분열에서는 무거운 원자핵이 중성자와 부딪쳐 분열하면서 에너지가 발생한다. 하지만 핵융합에서는 가벼운 원자핵이 서로 충돌하여 뭉치면서 에너지가 발생한다. 질량 보존의 법칙에 따라, 가벼운 원자핵 여러 개가 하나의 원자핵으로 변하면서 줄어드는 질량만큼 에너지가 생성되는 것이다. 이러한 핵융합이 일어나고 있는 곳이 바로 태양이다.

태양의 무한한 에너지의 비밀은 초고온 상태에서 플라즈마(전자가 원자핵에 붙잡혀 있지 않아 전자와 원자핵이 서로 떨어져 돌아다니는 상태)가 된 원자핵들이 핵융합을 하며 에너지를 발생시키는 것이다. 태양 내부에는 경수소 4개가 합쳐져 1개의 헬륨이 만들어지는 핵융합이 일어나는데, 80억 년 가량을 소모할 수 있는 수소가 들어 있어 앞으로도 50억 년은 에너지를 발생시킬 수 있다고 알려져 있다. 다시 말해 태양은 핵융합을 통해 거의 무한한 에너지를 생성해 내고 있는 것이다.

인류에게 필요한 친환경적이고 무한한 에너지원으로 핵융합만큼 적당한 것도 없다. 하지만 아직 인류는 핵융합을 실현시킬 기술이 부족하다. 우선 원자핵을 플라즈마 상태로 만들기 위해서는 1억℃ 이상의 온도를 유지해야 하는데, 이를 견딜 수 있는 그릇이 아직 지구상에는 존재하지 않는다. 그렇기 때문에 세계 각국의 과학자들은 지금도 이러한 환경 조건들을 구현하기 위하여 노력하고 있다. 언젠가는 지구 안에 떠오를 태양을 위해서 말이다.

인류 역사의 진보를 이끈
신소재 개발

인류 문명 발전에 가장 중요한 역할을 한 금속은 철이다. 철은 '산업의 쌀'로 불리며 가장 중요한 금속 자원으로 취급되고 있다.

지금까지 인류가 만들어 낸 물질은 대부분 자연의 특성을 모방하거나 이용한 것이 많다. 반면, 메타 물질(metamaterial)은 자연에서 발견되지 않는 특성을 가지고 있다.

나노 기술은 10억분의 1미터인 나노미터 크기의 물질을 조작하는 기술이다. 나노 기술은 실제 생활에서 어떻게 사용되고 있을까?

1. 문명은 '이것'에서 시작되었다

▒ 철기 문명으로 되짚어 보는 신소재 개발

현재 인류가 가장 많이 사용하고 있으며 인류 문명 발전에 가장 중요한 역할을 한 금속은 무엇일까? 바로 철이다. 철은 '산업의 쌀'로 불리며 가장 중요한 금속 자원으로 취급되고 있다.

철은 전 세계 금속 생산량의 95퍼센트를 차지하고 있다. 현대인들의 생활 속에 다양한 생활 도구, 기계 및 구조물로 사용된다. 철이 없었다면 숟가락, 포크, 식칼, 냄비 등의 주방 도구들과 자동차, 기차, 비행기 같은 교통수단, 그리고 고층 빌딩, 한강대교 등의 건축물에 이르기까지 인류의 문명은 지금과는 다른 모습일 것이다. 그렇다면 인류는 철을 언제부터 사용하게 되었을까?

구리는 용융점이 1,084℃로 1,500℃에 이르는 철보다 낮아 고대인들에 의해 먼저 발견되었다. 연한 성질을 가지고 있어 주조하기 쉬

웠지만, 더 단단한 재료를 찾던 고대인들은 구리와 주석을 합금하여 '청동'을 만들었다. 청동을 주로 사용한 시대가 바로 '청동기 시대'이다.

고대인들이 철을 만난 것은 우연이었다. 우주에서 땅으로 떨어진 운석 중 철질운석(운철, 전체 운석의 5퍼센트 정도)은 유난히 철을 많이 함유하고 있었다. 대기 마찰열에 의해 높은 온도에서 이미 잘 제련된 철을 얻게 된 것이다. 고대인들은 우주에서 온 철을 신이 준 선물이라고 여겼다. 운석에서 얻은 철은 신성하고 매우 귀하여 최고 권력자의 검을 장식하는 데 사용되었다. 이집트의 파라오와 고대 중국 왕의 검에서 이 운철 장식을 볼 수 있다.

기원전 1300년경 히타이트족은 아나톨리아 고원 지대에 정착하였다. 그들이 강 유역에 정착한 다른 고대 문명과 달리 황량한 고원 지대에 정착한 이유는 무엇일까? 히타이트의 수도 하투샤에는 철광석 산지가 있어 철광석을 채취할 수 있었다. 황야의 맹렬한 바람은 용광로에 산소를 공급하는 풀무 역할을 하였다. 이들이 풍운(風雲)의 신을 최고의 신으로 섬긴 것은 철을 생산하는 데 필요한 높은 온도를 유지시켜 주는 바람과 나무 땔감을 키우는 비가 중요한 역할을 하였기 때문이다.

히타이트족의 제련 기술은 목탄 불 속에 철광석을 넣어 철로 환원시키는 것이었다. 철을 완전히 녹이는 온도에 도달하지는 못하고 반액체 상태인 해면철을 얻었다. 해면철에 열을 가하고 두드려 불순물을 제거하면 탄소 함량이 0~0.2퍼센트인 연철이 되고, 이 연철을 다시 숯불로 가열하여 탄소를 흡수시키고 담금질을 하면 탄소 함량이 0.04~1.7퍼센트인 단단한 강철이 된다.

히타이트족은 이 제련 기술로 철제 칼과 화살, 전차를 제작하여 무적의 군대가 되었다. 철의 권력을 바탕으로 히타이트 제국은 메소포타미아를 정복하였다. 제국을 확장하던 중 기원전 1275년 아프리카 최강자 이집트와 충돌하게 된다. 청동기 문명의 이집트는 4만 명의 병사로 맞섰고, 철기로 무장한 히타이트는 3만 5천 명의 병사와 3,500대의 전차로 공격하였다. 결과는 무승부로 끝났고 두 강대국은 불가침 평화조약을 점토판에 새겨 양국 간의 평화와 영원한 우애, 공존과 상호 협력을 서약하였다. 이것이 세계 최초의 평화조약문인 '카데시 평화조약문'이다.

그리고 100년 후 히타이트는 과도한 땔감의 사용으로 삼림이 황폐해지고 내부 분열과 북방 민족의 침입으로 멸망한다. 히타이트의 제철 기술은 아시리아 제국으로 넘어가 상인들을 통해 아시아, 유럽으로 전파되었다.

철 제련 기술은 5세기경 중국에서 업그레이드되었다. 오늘날의 제철 방식인 고로법을 사용하게 된 것이다. 춘추전국시대 오나라 등은 거대한 로(爐)를 만들어 철을 녹여 주물로 만드는 주철(탄소 농도 2~3퍼센트)을 만들었다. 이 고로법은 15세기경 벨기에, 영국으로 전파되어 유럽 각지에서 사용되었다. 철은 지배 계층의 갑옷과 무기 등 살상용으로 먼저 개발되었으나, 생산량이 많아지면서 사용 계층이 넓어져 농민들도 농기구로 사용할 수 있었다. 또한 수차를 제철에 활용하여 풀무질을 함으로써 용광로의 온도가 1,500℃를 넘어섰고, 디딜방아 모양의 망치를 활용하여 다양한 철 제품을 생산하는 등 철의 생산력이 크게 증가하였다.

제련 기술은 중동에서도 발달하여, 날카롭고 강하며 아름다운 무늬를 지닌 다마스쿠스 검을 생산하게 되었다. 당시 유럽인들은 예리하면서 단단한 검을 만드는 기술이 없었다. 하지만 아랍인들은 강력한 다마스쿠스 검으로 예루살렘을 정복하고 십자군 전쟁에서 서양의 침입에 맞서 싸웠다. 현재는 그 제조 기술이 유실되어 복원할 수 없으나 다마스쿠스 검은 아랍의 자존심이자 명예로 기억되고 있다.

18세기 영국에서 일어난 산업혁명의 기반 또한 철이었다. 이 시기 인류는 어느 때보다 철을 대량 생산하여 산업 전반에 혁명적 변화를 일으켰다. 고대부터 사용하던 목탄(숯)은 열효율이 떨어지고 숲을 고갈시킨다는 문제점이 있었다. 땔감을 석탄으로 대체했지만, 황 성분이 철의 품질을 떨어뜨렸다. 이에 석탄에서 황을 제거한 코크스를 개발하여 철의 대량 생산이 가능해지게 되었다. 1790년대에는 철을 이용한 증기 기관이 발명되어 철로를 깔고 기차를 이동시켰으며, 바다에는 증기선을 띄워 사람과 물자의 이동 거리를 확장시켰다.

1855년 영국의 베세머(Henry Bessemer, 1813~1898)는 고압 공기를 불어넣어 불순물을 없애는 '베서머 전로'를 발명하였다. 베서머 전로는 한 번에 25톤의 강철을 생산할 수 있어, 우수한 품질의 철강을 빠르게 생산하며 기계 산업에 획기적 전기를 마련하였다. 철강의 시대에 접어든 것이다.

19세기 영국과 독일에서 발달한 철강 산업은 유럽의 군비 경쟁을 불러왔다. 새로운 판금 기술에 의해 거대 군함과 전차 등이 만들어졌고, 철은 제1차 세계대전 발발의 동기가 되었다. 신형 무기 개발은 이전과 비교할 수 없는 살상 능력을 키워, 제1차 세계대전을 통해 1천만 명, 제2차 세계대전으로 5천만~7천만 명에 이르는 사망자가 발생하였다.

현대에 이르러 고도화된 제철 기술은 철을 더욱 진화하게 만들었다.

살상 무기의 재료였던 철은 현대 의학에서 생명을 살리는 데 사용되고 있다. 혈관 폐색을 막기 위한 스텐트(stent) 시술이 대표적이다. 이전의 심장 수술은 척추, 전신 마취 후 심장을 절개하는 큰 수술로 입원기간이 길고 합병증의 위험이 있었다. 혈관에 주입하는 스테인리스 스틸이나 합금 성분의 스텐트가 이러한 위험 부담을 덜어 주며 삶의 질을 크게 향상시켰다.

뿐만 아니라 철교 제작 기술은 강과 바다를 가로질러 육지를 연결하고 확장하여 이동 거리를 단축시켰다. 1779년 준공한 세계 최초의 철교는 영국의 아이언 브리지(Iron Bridge)이다. 당시에는 연철 제조 기술이 없었기 때문에 버티는 힘이 강한 주철의 성질을 살려 아치형 구조로 설계하였다. 연철 개발 이후 쇠로 된 체인이 다리 하중을 지탱하는 세계 최초의 대형 현수교인 영국의 메나이 현수교가 1825년에 완성되었다. 메나이 현수교는 다리 아래로 배가 지나다니며 다리 위에는 차도와 보도가 있어 실용적이고 아름다웠다. 그러나 1829년 시공된 야머스 현수교는 1845년 다리 케이블이 끊어져 100여 명의 사상자가 발생하는 끔찍한 사고가 발생하기도 하였다. 현대 사장교는 99퍼센트 순도의 철로 강선을 가늘게 늘여 뽑은 후 이 강선 7가닥을 꼬아 강연선(strand)를 만드는데 강연선 하나가 28톤의 하중을 버틸 수 있다. 이 강연선의 인장강도가 높아질수록 교각과 교각 사이의 거리를 멀게 할 수 있다.

현대 도시는 초고층 빌딩으로 마천루(skyscraper)를 이룬다. 강철 구조물을 쌓아 올려 강하면서도 유연한 초고층 빌딩의 건축이 가능하다. 하지만 건물이 강하기만 하다면 지진이나 태풍의 충격에 버티지 못하고 붕괴될 것이다. 강철의 탄성과 연성은 충격에도 유연하게 움직이고 회복할 수 있는 힘을 갖도록 해준다. 미국에서는 1902년 플랫아이언 빌딩 이후 철근 콘크리트 건물이 석조 건물을 대체하였다.

부르즈 할리파

현대인의 이동 수단인 자동차에 사용되는 철은 한번 성형이 되고 나면 구부러지면 안 되지만, 일정 강도 이상의 충격에는 잘 구부러져야 탑승자를 보호할 수 있다. 철은 이와 같이 모순적인 특성을 만족해야 한다. 오늘날의 제철소는 제품 회사의 요구에 따라 맞춤형 철을 제작하며 진화하고 있다.

철은 고대부터 제철 과정에서 환경 오염 물질을 많이 배출하는 물질이다. 제철 산업에서도 친환경은 큰 과제이다. 수소 자동차뿐 아니라 제철 산업에서도 석탄 대신 수소 연료를 사용하는 기술이 개발 중이다.

혁명적으로 인류의 삶을 변화시킨 철이 지속 가능한 인류의 미래를 계속해서 이끌어갈 수 있을지 기대해 보자.

▒ 나침반이 이끈 미래를 향한 항해

우리는 인생의 진로나 방향을 설정하고 나아갈 때 이정표가 되는 것을 흔히 나침반에 비유한다. 나침반은 크리스토퍼 콜럼버스 (Christopher Columbus, 1451~1506)가 대항해 시대를 열며 세계를 뱃길로 연결하고 세계화를 촉발시킨 혁신적 항해 도구였다.

8~10세기 바이킹족은 유럽 곳곳을 누비며 맹위를 떨쳤지만, 태양과 별에만 의존하여 항해했기 때문에 날씨와 계절에 따라 항해에 많은 제약을 받았다. 날씨와 상관없이 남북을 가리키는 나침반은 항해술을 혁신적으로 발전시켜 유럽인들이 미지의 신대륙을 탐험하는 길잡이가 되어 주었다.

그렇다면 인류는 언제부터 자석을 이용하게 된 것일까? 남북을 가리키는 자석은 언제부터 나침반으로 쓰였을까?

자석(magnet)의 어원에 관해서는 마그네스라는 유목민이 철 지팡이를 짚고 걸어 다니다 지팡이에 검은색 돌이 붙은 것을 발견하여 그 돌을 마그넷이라고 불렀다는 설이 있다. 고대 그리스 철학자 탈레스는 "자석은 쇠를 움직이게 하는 능력이 있으므로 영혼이 있는 동물"이라는 기록을 남겼다. 서양 사람들은 자석과 관련된 여러 가지 미신을 오래도록 믿어 왔다.

중국에서는 철이 자석에 딸려 오는 모습이 어린아이가 자애로운 엄마를 따르는 것 같다고 하여 자석(磁石)을 '자애로울 자(慈)'로 표기하기도 하였다. 중국 명나라 때의 『본초강목』에 의하면 자석을 환자 치료용으로 사용하는 시도가 있었다. 이처럼 동물이 아니면서 끌어당기는 힘이 있는 자석은 신비로운 존재였다.

자석이 남북을 가리킨다는 사실을 발견하고 나침반으로 처음 제작한 것은 중국이었다. 고대 중국에서는 황제 행차 때 남쪽을 알려 주는 '시남차(指南車, 방향을 가리키는 수레)'를, 1세기에는 숟가락 모양의 방향지시 기구인 '사남지작(司南之杓)'을 이용하였다. 그리고 3세기에는 물고기 모양의 나침반 '지남어(指南魚)'를 이용하였는데 이것이 아랍을 통해 유럽으로 전해졌다. 이어서 14세기에는 오늘날의 나침반 형태가 유럽에서 제작되었고, 16세기에는 32방위 나침반을 사용하게 되었다.

나침반을 처음 항해에 사용한 것은 명나라 3대 황제 영락제의 명을 받은 정화가 서방 대탐험을 떠났을 때이다. 정화의 서양취보선은 일곱 차례 항해에 나서 멀리 케냐까지 다녀왔다. 이것은 남북을 가리키는 나침반이 있었기에 가능했다. 당시 정화의 교역 활동은 상업무역이 아닌 조공무역이었기에 재정 압박을 받은 명나라는 함대 파견을 중지하게 된다. 서양보다 100년 앞섰던 동양의 대항해 시대는 이렇게 막을 내렸다.

장거리 항해를 하면서 나침반의 문제점이 발견되었다. 나침반 바늘이 가리키는 북쪽(자북)과 진짜 북쪽(진북)에 오차가 있는 것이다. 이 오차를 편각이라고 한다. 콜럼버스는 항해 지점에 따라 편각이 달라지는 것을 알게 되었다. 편각이 왜 발생하며 자석은 왜 남북을 가리키는지, 16세기 나타난 한 천재가 이 문제를 해결하게 된다.

16세기 말 '전기'라는 이름을 지은 윌리엄 길버트는 약 20년간 연구하여 자석의 성질과 자기의 원인을 밝힘으로써 자기학의 아버지가 되었다. 당시 사람들은 북극성이 강력한 자석이거나 북극에 강렬한 자석이 있다고 생각하였다. 길버트는 『자석론』에서 지구 전체가 커다란 자석임을 증명하였다. 그는 "지구 내핵의 철은 고온의 액체 상태여서 열대류 작용으로 전류와 자기장을 만들어 낸다"라는 획기적인 가설을 제시하였다. 그의 주장은 갈릴레이와 케플러에게 영감을 주어 천문학의 발전에도 큰 영향을 미치게 된다. 또한 호박이나 유리의 마찰전기를 '일렉트리카(electrica)'라고 명명, 오늘날 electricity(전기)의 어원이 되었다. 길버트 이후 과학자들은 전기력과 자기력에 관심을 보였고, 물리학에도 이 두 갈래의 분야가 생겼다.

1800년대 플러스와 마이너스 전하에서 발생하는 전기적 현상을 연구하는 전기학과 자석의 N극, S극에서 발생하는 자기적 현상을 연구하는 자기학은 독자적으로 발전하고 있었다. 외르스테드는 나침반 가까운 전선에 전류가 흐를 때 나침반이 움직이는 것을 발견했고, 앙페르는 전류에 의한 자기장을 정리했다.

전기와 자기에 대한 연구가 무르익으면서 마이클 패러데이와 제임스 맥스웰(James Clerk Maxwell, 1831~1879)에 의해 전자기학으로 통합되었다. 패러데이는 전기와 자기의 상호 작용을 규명하였고, 맥스웰은 그때까지의 이론을 통합하여 전기와 자기의 힘을 4가지 방정식으로 깔끔하게 정리하였다. 1800년대에 전자기학이 숨 가쁘게 발전한 덕분에 인류는 전기를 자기로, 자기를 전기로 변환하는 전자석과 발전기를 개발하였다. 모터(전동기)는 영구 자석에 코일을 끼워 넣고 코일에 전기를 흘려 보낸 것이다. 그러면 이것이 전자석이 되어 양쪽에 있는 영구 자석에 대해 인력과 척력이 발생하게 되어 이 힘으로 계속 회전이 가능한 것이다. 반대로 외부의 힘으로 코일을 회전시킴으로써 유도 전류를 발생시키는 것이 발전기이다. 이후 모터는 선풍기, 세탁기 등 현대의 가전 기기에 없어서는 안 될 부품이 된다.

자기력은 정보를 기록하는 매체로도 활용되었다. 제2차 세계대전 후 테이프 리코너는 음악 산업에 거대한 혁명을 일으켰다. 그전까지는 음악 연주를 저장하여 재연할 수 없었기 때문에 연주자보다 작곡가들이 더 명성을 날렸다. 자기 테이프는 음악 연주를 녹음, 녹화하여 연주자들을 음악 산업의 주인공으로 바꿔 놓았다. 대중은 라디오 방송과 음반을 통해 시공간을 초월하여 가수와 연주자들의 음악을 들을 수 있게 되었으며 덕분에 1950년대 엘비스 프레슬리 같은 세계적인 스타가 탄생할 수 있었다.

자기 테이프는 컴퓨터 시대를 맞아 플로피 디스크와 하드 디스크로 진화하였다. 오늘날의 컴퓨터 하드 디스크는 테라바이트(TB, 테라는 10의 12승, 즉 1조) 단위의 정보를 저장하며 인간의 지적 능력을 확장시키고 기술 발전과 혁신을 촉진하고 있다.

자석은 그 자체로도 더욱 진화하였다. 막대와 말굽 모양뿐이던 자석은 1930년 일본에서 페라이트 자석이 발명되면서 그 모양을 다양하게 만들 수 있게 되었다. 페라이트 자석은 저렴한 가격과 자유로운 성형 덕분에 모터, 복사기, 스피커, 칠판 등 우리 일상생활에서 흔히 사용되고 있다. 1960년대에는 강력한 희토류 자석이 등장하였다. 현재 세계 최강의 자석은 1982년 개발된 네오디뮴 자석이다. 작은 크기로도 그 힘이 강하여 전자 기기의 소형화에 크게 기여하고 있다.

현재 시속 300킬로미터인 고속열차는 시속 600킬로미터를 달리는 자기 부상 열차로 대체될 것이다. 자기 부상 열차는 열차가 전자석의 자기력으로 레일 위에 떠서 자기력을 이용해 앞으로 나아가는 열차로, 마찰이 적어 소음과 진동이 적고 더 큰 속력을 낼 수 있다.

2021년 중국은 세계 최초로 시속 600킬로미터대의 자기 부상 열차를 상용화하여 베이징과 상하이를 2시간 반 만에 주행하는데, 이는 비행기보다 빠른 속도다. 빠른 이동 수단 덕분에 사람들의 통근, 통학 범위가 더 커지고 생활 반경 또한 더 넓어질 것이다.

앞으로 인류는 또 어떻게 자석을 활용하여 미래를 바꾸게 될까? 어쩌면 우주 시대에 무중력을 극복하는 용도로 전자석이 쓰이지 않을까?

⠿ 역사를 뒤흔든 희소 자원: 금과 비단

고대 중국은 황제(黃帝)가 황허강 유역의 여러 마을을 하나의 왕국으로 통합하여 다스렸다. 황제는 처음으로 약을 발견해 사람들에게 병을 치료하는 법을 알려 주었다고 한다.

비단의 기원도 중국 황제의 왕비 누조의 이야기에서 나온다. 어느 날 누조는 정원의 뽕나무 아래 앉아 따뜻한 차를 즐기고 있었다. 그때 찻잔에 하얗고 둥근 것이 떨어져 둥둥 떠다녔다. 무엇이 떨어졌는지 위를 봤더니, 뽕나무에 작고 하얀 누에고치들이 대롱대롱 매달려 있었다.

누조는 찻잔에 빠진 고치를 꺼내 실을 뽑아 끌면서 정원을 돌았는

데, 실이 아주 길었다. 다른 고치들의 실도 더 풀어 길쌈하는 여자를 시켜 황제를 위한 옷을 만들었더니 매우 아름다웠다. 그 천을 비단(silk)이라고 했으며, 비단 제조법이 궁궐 밖으로 유출되지 않도록 엄격히 금지하였다. 이후 중국에서는 누에고치를 길러(양잠) 실을 뽑아 옷감을 짜는 비단 제조 기술이 발달하게 되었다.

비단은 면, 마와 다른 동물성 섬유로 사람의 피부를 구성하는 단백질의 아미노산 구조를 갖고 있다. 우아하고 고급스러운 광택과 부드러운 감촉이 뛰어났다. 통기성과 보온성뿐만 아니라 염색성도 탁월한 최고의 옷감이었다. 중국 이외의 국가들은 제조 기술을 알 수 없으니 부르는 게 값이었고, 비쌀수록 더욱 갖고 싶은 최고의 사치품이었다. 국가나 상류층 사이에 최상의 선물로 이용되었고, 화폐 역할을 하였다. 비단은 국가에 세금을 납부하는 수단이기도 하였다. 이 귀한 물건이 페르시아를 거쳐 로마까지 전해지면서 서방 세계의 최고 인기 무역품이 되었다. 서방 세계는 비단을 통해 처음으로 중국을 알게 되었고, 상인들은 목숨을 걸고 타클라마칸 사막을 우회하며 중국에서 이스탄불까지 잇는 동서 교역로를 개척하였다.

독일학자 리히트호펜(Richthofen, 1833~1905)은 중국 시안~둔황~카슈가르~이스탄불을 잇는 6,400킬로미터에 달하는 교역로를 실크로드(Silk Road)라고 명명하였다. 후대 연구에 의하면 이 길은 일본 교토~신라 경주~중국 뤄양~시안~이스탄불~로마까지 확장되었고, 확장된 실크로드는 교토~로마까지 1만 3천 킬로미터에 이른다. 타클라마칸 사막은 위구르어로 '살아서 돌아올 수 없는 곳'이라는 의미다. 이 사막은 여름 40~50℃, 겨울 영하 20℃의 극한 환경으로 생지옥과 같

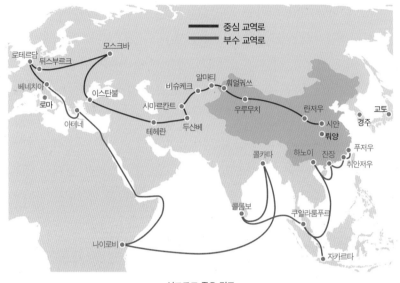

실크로드 주요 경로

은 곳이다. 이 죽음의 사막길을 개척하고 여러 상인의 손을 거쳐 동양과 서양을 연결해 준 주요 교역품이 비단이었다니, 당대 비단의 가치와 인기를 짐작할 수 있다.

4세기 초 로마에서는 300그램의 비단이 9리터의 보리보다 120배나 비쌌다. 비단의 인기에 로마에서는 다량의 금이 빠져나갔고, 이는 로마 제국의 경제가 약화되는 요인이 되었다.

중국은 비단 제조 기술을 엄격히 단속했다. 당나라는 독점 생산을 했고 페르시아는 독점 중계 무역을 하여 막대한 이윤을 얻었다. 당나라 공주가 중앙아시아 실크로드의 오아시스 도시 호탄의 왕과 혼인하면서 비단 제조 기술이 호탄에 전해졌고, 6세기 중엽에는 양잠 기술과 더불어 유럽까지 전파되었다.

실크로드를 타고 동양과 서양은 비단뿐만 아니라 사람과 물자, 지식을 교류하였으며 이는 수많은 발명과 문명의 발전을 촉진시켰다.

올림픽에서는 전 세계의 국가를 대표하는 엘리트 선수들이 모여 기량을 겨룬다. 4년마다 열리는 올림픽에서 당대 최고의 선수들 가운데 1위를 한 선수에게는 사격왕, 피겨 여왕 같은 호칭을 부여하며 목에 금메달을 수여한다. 아름답게 빛나는 금메달이 전 세계에서 오직 최고의 선수에게만 허락되는 것처럼, 고대부터 금은 최고 영광의 상징물이었다.

찬란하고 아름답게 빛나며, 누구나 갖고 싶어 하지만 그 희소성 때문에 고대에는 왕과 신만이 그들의 영광을 나타내는 데 사용할 수 있었다. 중세 서양과 이슬람 세계에서는 흔한 금속에서 완벽한 금속인 금으로 변환하는 과정을 통해 자신의 영혼도 같이 완벽해진다는 믿음이 있었다. 오직 금을 얻기 위해 연구한 사람들도 많았는데, 이러한 과학, 철학 기조를 연금술이라 한다. 연금술은 금을 얻는 데 실패했지만 이러한 시도는 근대 화학의 발전에 큰 영향을 미치게 된다. 화학을 뜻하는 'chemistry'가 연금술을 뜻하는 'alchemy'에서 유래한 것만 봐도 알 수 있다.

손대는 것은 무엇이든 금으로 변했다는 그리스 신화의 미다스 왕 이야기처럼 누구나 금을 갈망하지만, 금은 먹을 수도 입을 수도 없는 물건이다. 또한 무겁고 물러서 무기나 생활용품 등 실용적 도구로 사용하기에도 적합하지 않다. 금은 영원히 변하지 않는 매우 안정된 금

아타우알파 프란시스코 피사로

속인 반면 채굴량이 매우 적어 희소성이 높다. 주로 왕족, 귀족의 치장이나 건축물을 꾸미는 데 사용하거나, 교환 가치가 있는 화폐로 이용되었다.

금은 기원전 7세기 리디아 왕국에서 처음 금화로 사용된 이래 세계적으로 그 가치를 인정받는 통용 화폐였다. 인류 역사 속에서 금을 쟁탈하기 위해 대이동이 이루어졌고, 금의 이동에 따라 국가의 정치·경제적 흥망도 달라졌다.

1532년 스페인의 프란시스코 피사로(Francisco Pizarro, 1475 추정~1541)는 남아메리카 2차 원정에서 황금 제국 잉카를 발견했다. 원주민들의 금 장식을 보고 감탄한 그는 잉카의 황금을 차지하고자 했다. 잉카 제국 황제에게 성경을 건네며 그리스도교로 개종을 요구했고, 황제가 성경을 집어던지자 대포를 쏘아 댔다. 놀란 잉카인들은 뿔뿔이 흩어졌고 피사로는 황제 아타우알파를 사로잡아 화형에 처하려 하였다. 사후 세계에 대한 믿음 때문에 화형을 꺼린 아타우알파는 온갖 예술품들로 금을 가득 채워 바쳤지만 끝내 처형당했다.

피사로는 이 금들을 녹여 스페인으로 운반했다. 1572년 잉카 제국을 완전히 멸망시킨 스페인은 남아메리카 대부분을 식민지로 만들며 막대한 양의 금과 은을 스페인으로 운반했고 스페인은 신흥 부국이 되었다.

당시 스페인은 종교개혁의 물결 속에 구교인 카톨릭을 수호했고, 영국은 신교인 '영국 국교회'를 국교로 삼고 있었다. 펠리페 2세는 신대륙의 황금을 이용하여 스페인을 군사대국으로 키웠다. 신대륙에서 스페인으로 금은보화를 운반하는 스페인 선박을 영국 해적은 수시로 공격했고 이를 빌미로 스페인과 영국 사이에 전쟁이 발발한다. 스페인은 신교도들을 징벌하고 스페인 중심의 세계 질서를 재편하고자 전쟁을 일삼았고, 그러면서 황금이 바닥나서 파산하게 되었다.

금 때문에 일어난 끔찍한 전쟁이 남아프리카에서도 있었는데 바로 보어 전쟁이다. 남아프리카에 이주해 살고 있는 네덜란드, 프랑스, 독일 등 백인의 후손들을 '보어인'이라고 한다. 네덜란드어 'Boer(농민)'에서 유래한 것이다. 1652년 네덜란드인이 처음 남아프리카의 케이프에 정착하고 100년 후 보어인은 현지의 주요 구성원이 되었다.

1795년 영국 함대가 케이프에 상륙하고 1886년 요하네스버그에서 금광이 발견되자 보어인들은 강제로 북부로 쫓겨났다. 요하네스버그 금광은 전 세계 황금의 4분의 1이 매장되어 있는 엄청난 금광이었다. 보어인들은 게릴라전을 펼치며 끈질기게 저항했다.

영국군은 새로운 전술을 이용했다. 농장을 파괴하고 가축을 학살하며 보어인들의 주거지를 파괴했다. 1902년 보어인들은 금광을 포기하고 자치 정부를 인정받는 평화조약을 맺으며 100년에 걸친 영국과의 대립을 종결했다. 막대한 사상자를 낸 보어 전쟁이 끝나고 영국은 요하네스버그의 금을 발판으로 '해가 지지 않는 나라' 영제국으로 발전하게 된다.

19세기 미국에서는 대규모 금을 향한 인구 이동(Gold Rush, 골드러시)이 있었다. 미국 캘리포니아 등지에서 금광이 발견되었다는 소문을 듣고 많은 이주민들이 서부로 이주하게 된 것이다. 골드러시 채굴꾼들은 선주민들이 신성한 땅으로 여긴 블랙힐스까지 침입했다. 선주민들은 금 따위에는 관심이 없었고 전통적 생활방식에 따라 살고자 했지만, 금에 눈이 먼 백인들은 끝내 선주민들을 몰아내고 블랙힐스를 차지했다. 그 후 블랙힐스는 미국 역사상 가장 풍성한 금 생산지가 되었다.

이주민 중에는 금을 캔 사람도 있지만 대부분의 사람들은 금을 얻지 못했다. 대규모로 몰려든 채굴꾼들에게 편의를 제공하기 위해 상점이 발달하고 LA, 샌프란시스코 같은 도시가 발전하게 되었다.

제2차 세계대전이 임박하자 프랑스와 영국은 대량의 금을 안전한 미국과 캐나다로 실어 날랐다. 엄청난 금이 들어온 것을 인지한 미국은 무기대여법을 제정하여 전함, 비행기, 탱크 등을 독일에 맞서 싸우는 연합국에 제공했다. 프랑스까지 함락되며 연합국이 열세가 되자 프랑스, 영국은 미 대륙에 보낸 금을 담보로 미국의 군사적 지원을 받았으며 전쟁이 끝난 후 이 금은 미국의 차지가 되었다.

제2차 세계대전이 끝난 후 미국의 금 보유량은 2만 2천 톤으로 전 세계 금의 80퍼센트를 차지하였다. 미국은 이 금을 이용하여 금 본위 제도를 실시했고 미국 달러는 실물 금과 교환 가능한 세계에서 유일한 화폐가 되었다. 세계는 미국 달러를 사들여 비축했고 이렇게 미국 달러는 세계의 기축 통화가 되었다. 현재 미국의 금 보유량은 전보다 줄어들기는 했지만 8,133톤으로 여전히 압도적인 세계 1위를 차지하고 있으며, 미국 달러는 슈퍼 화폐가 되어 전 세계의 경제를 좌지우지하고 있다.

 TIP 역사의 터닝 포인트를 만든 신소재들

종이

중국의 3대 발명품이자 인류 최고의 발명품 중 하나인 종이는 중국 후한 시대에 궁중 용품을 관리하던 환관 채륜이 발명하였다. 105년 채륜은 닥나무, 모시천 같은 식물 소재를 재와 함께 삶아 순수 셀룰로스를 추출하였다. 이것을 절구에 넣고 찧은 다음 물에 풀었다가 나무틀에 건져 잘 건조하면 종이가 완성되었다. 이전의 기록 매체였던 목간이나 죽간은 부피가 커 다루거나 보관하기가 힘들었다. 채륜 이전의 종이들은 품질이 좋지 않아 글을 쓰기에 부적합하였다. 채륜이 만든 종이는 얇고 질겨서 이전의 종이와 비교가 되지 않을 만큼 고품질이었으며 원재료의 비용도 매우 적었다.

종이와 인쇄술의 보급은 지식과 정보를 빠르게 전파하였다. 동양에서는 대규모 인재 등용 제도인 과거 제도가 성립하였고, 서양에서는 성서가 보급되면서 종교 개혁의 원동력이 되었다.

고무

축구, 농구, 테니스 등 구기 종목은 우리 생활과 매우 친숙하다. 구기 종목들은 19세기 후반에 규칙이 통일되고 체계화되었다. 이 시기에는 산업혁명 후 소득 증가로 중산층이 증가하였고 질 좋은 고무가 보급되었다. 동일 규격, 동일 품질 고무공의 대량 생산이 가능해지면서 통일된 규칙을 적용한 스포츠 경기들이 빠르게 보급되었다.

고무는 콜럼버스의 남미 대륙 항해 이후 유럽으로 전해졌으나, 겨울에는 단단하고 여름에는 물렁물렁해져 실용적으로 사용하기 어려웠다. 미국의 발명가 찰스 굿이어(Charles Goodyear, 1800~1860)는 1839년 고무에 황을 첨가하여 내열성을 지닌 고무를 개발했다. 스코틀랜드 출신 존 보이드 던롭(John Boyd Dunlop, 1840~1921)은 아들을 위해 울퉁불퉁한 도로의 충격을 흡수할 수 있는 튜브형 고무 타이어를 세발자전거에 달아 주었다. 고형(固形) 고무 대신 압축 공기의 쿠션을 이용하여 진동을 줄이는 던롭의 공기 타이어는 후에 모든 자동차의 바퀴를 대체하게 된다. 1908년 미국에서 포드 자동차가 대량 생산되어 자동차 시대를 이끌게 된 데도 이 고무 타이어가 큰 역할을 하였다.

플라스틱

19세기 말 천연 수지 플라스틱 셀룰로이드가 개발되었지만 불에 약하고 깨지기 쉬운 단점이 있었다. 이러한 단점을 보완하여 '베이클라이트'라는 인공 플라스틱이 최초로 개발되었다.

20세기에 개발된 플라스틱은 음료 병, 필기도구, 전자 제품, 전화기, 바구니 등 대부분의 생활용품을 대체해 버렸다. 플라스틱은 고분자 물질을 주원료로 인공적으로 유용한 형태로 만든 고체이다. 나일론, 폴리에스터, 폴리에틸렌, 폴리스타이렌 등으로 만든 페트병부터 합성 섬유, 비닐 주머니까지 물질군과 그 사용 범위가 매우 넓다.

플라스틱은 만능 재료다. 저렴하고, 가볍고, 단단하며, 깨지지 않고, 원하는 모양으로의 성형이 가능하다. 전자 제품, 생활용품 등 현대 물질 문명을 플라스틱이 떠받치고 있다. 합성 섬유는 동물성 섬유를 대체하여 싸고 따뜻한 옷을 제공해 주었고, 페트병은 음료 산업을, 영화 필름은 영화 산업을 혁명적으로 발달시켰다. 그러나 자연 분해되지 않는다는 치명적인 단점이 인류를 재앙으로 몰고 가고 있다. 미세 플라스틱은 하수 처리 시설에서 걸러지지 않고 그대로 바다로 유입되어 바다를 오염시키며 해양 생물의 몸에 축적되고 있다.

현대 이전의 금은 무겁고 무른 성질 때문에 화폐 외에는 실용적 가치가 없었다. 그러나 현대의 과학 기술은 금의 전도성과 내식성을 이용하여 전자 회로, 우주선 방열판, 우주복·헬멧·선바이저, 스텔스 전투기 등에 사용하고 있다.

2. 신소재로 무르익는 수명 연장의 꿈

▒ 신소재 개발과 의학 발달

드라마 〈슬기로운 의사생활〉에서는 뇌수술, 심장수술, 간 이식 수술 등 생명과 직결되는 대수술들이 자주 등장한다. 수술실에서 10여 시간 고군분투하며 죽음의 문턱에 선 환자들을 살리는 것을 보면 현대 의학 기술에 경외감마저 든다.

이러한 대수술이 가능하게 된 것은 200년이 채 되지 않았다. 18세기 이전에는 환자가 극심한 고통으로 수술 중 쇼크사하는 경우가 많았다. 통증을 줄이기 위해 술, 아편, 대마초 등을 사용해 환자의 의식을 몽롱하게 하고, 환자를 때리거나 의도적으로 대량의 출혈을 유도함으로써 의식을 잃게 하는 위험한 방법도 사용되었다.

1799년 영국의 화학자이자 발명가 험프리 데이비(Humphry Davy, 1778~1829)는 아산화질소의 생리작용을 발견, 이 물질이 사람들을 웃게 하며 고통을 느낄 수 없도록 한다는 사실을 알게 되었고, 아산화질소를 '웃음 가스'라고 이름 붙였다. 그리고 외과적 통증 완화에 효

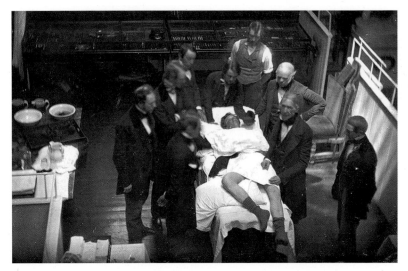

에테르를 마취제로 사용한 최초의 무통 수술 시연(1846)

과가 있다는 관련 논문을 발표하였으나 당시 외과 의사들의 주목을 받지 못했다. 웃음 가스는 사교 파티나 장터에서 기분 전환을 위한 환각제로 인기를 끌었다. 그리고 40년 후에야 비로소 미국 치과의사들에 의해 마취제로 사용이 시도되었다. 이 마취제는 지금도 어린이 치과 치료에서 웃음 가스로 사용되고 있다. 치과의사 윌리엄 모턴(William Thomas Green Morton, 1819~1868)은 에테르가 아산화질소와 같은 작용을 한다는 것을 발견, 에테르를 치과용 마취제로 사용하였다.

1846년 모턴과 외과 의사 워런(John Collins Warren, 1778~1856)과 모턴은 에테르 마취 후 환자의 목에 난 종양 제거 수술 시연에 성공한다. 이 소식은 영국과 프랑스에까지 알려졌고 이후 간단한 수술에 마취제가 사용되었다.

뿐만 아니라 영국의 제임스 심프슨(James Young Simpson, 1811~1870)은 클로로포름을 이용해 산모들의 무통 분만에 성공하였고, 빅토리아 여왕도 이 방법으로 무통 분만을 하였다.

마취제의 사용으로 외과 수술은 혁신의 시대를 맞이하게 된다. 하지만 감염의 문제가 해결되고 더 복잡한 수술이 가능하기까지는 20년을 더 기다려야 했다. 마취제의 발명 후에도 절단 수술의 경우 환자의 90퍼센트가 사망하였다. 수술 후 감염이 문제였던 것이다.

당시의 수술 환경은 매우 열악했다. 의사들은 수술 도구와 손을 씻지 않았고 붕대, 침대 시트, 환자의 옷 등은 매우 불결하였다. 병원에 있는 모든 것들이 감염의 원인이었다.

고대 그리스의 아리스토텔레스 이래로 생명의 자연 발생설이 지지를 받았다. 1862년 프랑스 화학자 파스퇴르(Louis Pasteur, 1822~1895)는 S자 플라스크 실험을 통해 미생물은 저절로 생기는 것이 아니라 공기 중의 미생물이 배지를 오염시켜 발생한다는 것을 증명하였다. 1867년 조지프 리스터(Joseph Lister, 1827~1912)는 환자의 고름을 현미경으로 관찰한 후 박테리아가 상처 감염을 일으킨다는 견해를 밝혔다. 그는 세균설이 정립되지 않은 상황에서 시행착오를 거쳐 페놀(석탄산)을 이용한 소독법을 개발하였다. 그리고 소독법을 이용하여 세계 최초로 다리 절단 없이 골절 수술에 성공하였다.

소독법의 개발로 수술 후 감염으로 인한 사망률은 45퍼센트에서 15퍼센트로 감소했으며 많은 환자들의 생명을 구할 수 있게 되었다. 리스터는 미국으로 건너가 소독법을 전파하였다. 리스터의 소독법은 외과 수술의 표준이 되었고, 청결과 위생에 대한 대중들의 관심 또한 높아져 개인 위생 제품들이 많이 생산되었다.

당시 의사와 간호사들은 페놀산으로 손을 소독한 후 맨손으로 수술했다. 그래서 페놀산의 강한 산성에 손이 망가지는 의료진들이 많았다. 새로 발명된 고무가 수술용 장갑으로 사용되면서 의료진과 환자 모두 안전하게 수술을 진행하고 받을 수 있게 되었다.

19세기에는 포도상구균, 탄저균, 결핵균 등 다양한 세균들이 발견되었다. 이 세균들로부터 인류를 구원한 20세기 최고의 발명품은 페니실린이다. 1928년 여름휴가를 마치고 돌아온 앨리그잰더 플레밍(Alexander Fleming, 1881~1955)은 포도상구균 배지에 푸른곰팡이 포자가 들어간 것을 보았다. 푸른곰팡이 주변에서만 균이 죽어 있는 것을 관찰한 그는 연구를 통해 푸른곰팡이에서 세균을 억제하는 화학 물질 페니실린을 추출했다. 하지만 당시에는 푸른곰팡이에서 페니실린을 대량으로 정제하는 방법을 찾지 못했고, 플레밍은 연구를 포기하게 되었다.

10년 후 하워드 플로리(Howard Walter Florey, 1898~1968)와 언스트 체인(Ernst Boris Chain, 1906~1979)은 제2차 세계대전 중 미국의 전폭적 지원을 통해 페니실린을 대량 생산할 수 있는 방법을 고안하였다. 페니실린은 1944년 6월 노르망디 상륙 작전에서 많은 군인들의 생명을 구했고, 전쟁 후에는 전염병과 각종 질병으로부터 많은 사람들의 생명을 구했다.

인류의 평균 수명은 페니실린과 이후 다양한 항생제 개발을 통해 크게 향상되었다. 늘어난 평균 수명은 정치, 경제, 사회, 문화 전 영역에 걸쳐 큰 발전을 이끌게 된다. 구글이 설립한 바이오 기업 칼리코

(Calico)는 인간의 기대 수명을 500세까지 연장시키는 프로젝트를 진행 중이라고 하니 인류의 수명 연장 속도는 더 빨라질 것으로 보인다.

신소재로 본 마스크의 진화

2020년부터 유행한 코로나바이러스감염증-19는 최고 감염병 등급을 장기간 유지하며 많은 사람들의 생명을 앗아갔다. 유행 초기 유례 없는 무증상 감염과 강한 전파력으로 어디서 감염될지 모르는 공포 속에서 시민들을 지킬 유일한 방어 수단은 '마스크' 였다.

마스크에 대한 수요가 동시다발적으로 갑자기 증가하고 마스크

흑사병 당시 의사가 썼던 마스크.
파울 퓌르스트,
〈흑사병을 몰아내는 닥터 슈나벨 폰 롬〉

필터 원재료의 생산과 공급이 원활하지 못한 탓에 전 세계적으로 마스크 품귀 현상이 발생했다. 마스크 구입을 위해 긴 줄을 서는가 하면, 마스크를 사지 못해 난동을 부리는 시민들이 나타났고, 구입이 어려운 사람들은 급한 대로 비닐, 키친 타월, 천 등을 이용하여 만들어서 사용하기도 했다.

인류는 언제부터 의료용 마스크를 쓰기 시작했을까?

유해 물질로부터 안전하기 위한 마스크는 고대 그리스와 로마에서

최초로 사용되었다. 고대 그리스에서는 전쟁 시 불을 피워 연기로 적을 교란하는 화학전을 펼쳤는데 이때 연기 흡입을 막기 위해 해면으로 코와 입을 가렸다. 고대 로마에서는 광산 노동자들이 폐를 보호하기 위해 동물의 방광(오줌보)을 얼굴에 뒤집어썼다고 전해진다.

중세에는 흑사병(페스트)이 창궐하여 유럽 인구의 30~60퍼센트가 사망하며 유럽을 초토화시켰다. 세균의 존재를 몰랐던 당시에는 흑사병의 원인이 나쁜 공기에 있다고 믿어서 의사들이 새 부리처럼 생긴 마스크를 뒤집어쓰고 긴 부리 부분에 허브와 약초 등을 집어넣었다.

19세기 세균학의 발전을 계기로 1897년 사람이 숨을 쉴 때 나오는 비말 속에 박테리아가 존재한다는 사실이 밝혀짐에 따라 마스크의 필요성이 대두되었다. 같은 해 한 의사가 '거즈의 양 끝에 줄을 달아 코와 입, 수염을 가리는' 마스크를 제안하여 현대적인 의료용 마스크가 탄생하게 되었다. 그러나 너무 거추장스럽고 불편하다는 이유로 많은 의료진들은 마스크를 거부하였다. 1923년에는 의료진의 3분의 2 이상이 마스크를 착용했고, 1935년에 이르러서야 모든 수술실 의료진이 마스크를 썼다.

수술실 밖에서 일반 사람들이 마스크를 사용하게 된 것은 1910~1911년 만주 지역에서 발생한 폐 페스트(만주 페스트)와 1918~1919년 전 세계를 휩쓴 스페인 독감이 유행하던 때였다.

1910년 영국에서 공부한 우롄더(吳連德, 1879~1960)는 폐 흑사병이 비말과 공기를 통해 전파된다는 결론을 내리고, 면과 거즈로 된 마스크를 만들었다. 이 우롄더 마스크는 1918년 스페인 독감이 유럽과 미국을 휩쓸 때 전 세계로 보급되면서 인류의 감염병 대응에 큰 힘을 발휘하게 된다. 그리고 제1차 세계대전 중 독일의 독가스를 막기 위한 고무 마스크가 개발된 이후 부직포 마스크, 유리 섬유로 만든 필터 마스크 등 첨단 소재를 이용한 전투형 마스크가 개발되었다.

2020~2021년 코로나바이러스감염증-19 팬데믹을 통해 항균, 항바이러스 시장 규모는 46조 원으로 코로나-19 이전보다 약 2배 이상 성장하였다.

21세기의 첨단 소재 마스크의 핵심은 나노 기술이다. 1나노미터(nm)는 10억분의 1미터의 초미세 길이 단위이다. 미국 물리학자 리처드 파인만(Richard Phillips Feynman, 1918~1988)은 한 강연에서 물질 내 원자들을 직접 제어하여 필요한 목적에 따라 사용할 수 있는 가능성에 대해 언급했고, 이런 원자 수준의 직접적 제어는 나노 기술의 시작이 되었다. 나노 크기로 인해 알려지지 않았던 새롭고 특이한 물성들이 밝혀짐으로써 나노 과학이라는 새로운 학문이 태동하였다.

나노 섬유 필터 마스크는 나노 섬유를 촘촘하게 배열하여 유해 입자를 나노 단위에서 차단한다. 이 마스크는 20번 이상 에탄올이나 비누로 세탁해서 사용할 수 있어 감염병의 세계적 대유행 시 마스크 품귀 현상에 대응할 수 있게 될 것이다.

구리 코팅 나노 섬유 마스크는 특수 표면 처리된 마스크에 구리 나노 입자를 코팅한 마스크이다. 구리는 예로부터 잘 알려진 항바이러스제이다. 일반 마스크에 묻은 코로나-19 바이러스는 1일 이상 생존하는 데 반해 구리 나노 입자 코팅 마스크는 대부분 1일 후 바이러스가 사멸, 기존 마스크보다 항바이러스성이 강하다.

세계가 하나로 연결된 시대, 감염병의 유행 또한 매우 빠르고 빈번하게 찾아오고 있다. 인류는 100년 전부터 마스크를 사용하여 백신 개발 전까지 시간을 벌며 많은 사람들의 생명을 지켜 내고 있다. 첨단 신소재 개발로 인류는 바이러스를 이겨 낼 수 있을까?

3. 인간 생활 발전의 원천은 신소재

모차르트도 경험하지 못한 레코드의 신세계

오늘날 우리는 컴퓨터 하드 디스크에 정보를 저장하는 것을 당연하게 여긴다. 음악이 녹음된 까맣고 동그란 레코드판은 이제 옛것이 되었다. 하지만 이러한 기록 매체가 등장하기 전 사람들은 물질에 정보를 저장할 수 있을 것이라고는 전혀 생각하지 못했다. 1700년대에 모차르트는 35년이라는 생애 동안 수많은 교향곡, 오페라, 협주곡, 소나타를 작곡했지만, 당시의 음악은 악보로 기록되고 직접 연주하는 것이 전부였다.

그렇다면 어떻게 흐르는 음악을 물질에 저장할 수 있을까?

초기의 자기 테이프는 음성이나 영상 신호를 전기 신호로, 전기 신호를 다시 자기 신호로 바꾸어, 자성을 띤 물질을 바른 테이프에 아날로그 방식으로 기록하였다. 자기 테이프는 컴퓨터의 플로피 디스크와 같은 디지털 방식으로 대체되었다.

자기 기록 매체는 1888년 미국의 기술자 오벌린 스미스(Oberlin Smith, 1840~1926)가 철사에 녹음하는 방법을 발표하면서 처음 등장했다. 이후 1935년 독일의 화학공업 복합 기업 IG 파르벤이 고품질 녹음 테이프를 개발하게 된다. 1971년 IBM에서 처음 선보인 디스크는 8인치, 용량은 겨우 50KB였다. 그러나 지금은 새끼손가락 손톱만 한 마이크로 SD 카드에도 1TB를 저장할 수 있다.

이를 가능하게 한 기술은 거대 자기 저항 효과(giant magneto resistive effect, GMR)와 수직 자기 기록 방식(perpendicular magnetic recording, PMR)이다. 거대 자기 저항 효과는 노벨 물

자기 기록 매체의 진화. 위부터 자기 테이프(릴 테이프), 플로피 디스크, 다양한 타입의 usb들

리학상을 수상한 페터 그륀베르크(Peter Grünberg, 1939~2018)와 알베르 페르(Albert Fert, 1938~)에 의해 발견된 자기 저항 효과의 특수한 경우이다. 보통 금속은 물질의 전기 저항이 자기장의 세기에 따라 변화하는 현상이 있다. 그런데 1나노미터 정도의 강자성 박막(F층)과 비강자성 박막(NF)을 겹쳐 만들 경우 자기 저항이 훨씬 크게 나타난다. 이러한 현상 덕분에 디스크 드라이브의 용량이 크게 늘어날 수 있었다.

수직 자기 기록 방식은 데이터를 저장하는 자기 입자들을 수직 방향으로 배열하여 밀도를 높인 것이다. 작은 면적에 더 큰 데이터를 저

장할 수 있고, 오랜 시간이 지나도 자성이 안정되어 있어 수명이 길다는 장점이 있다. 반면, 기존에 사용하던 수평 자기 기록 방식은 만들기는 쉽지만 데이터 용량이 적다는 단점이 있다.

이와 같은 기록 방식에 쓰이는 자석으로는 KS강, 페라이트 자석, 희토류 원소를 넣은 자석, 네오디뮴 자석 등이 있다. KS강은 일본의 물리학자인 혼다 고타로(1870~1954)가 발명한 것으로, 그 성능이 예전보다 몇 배나 강해 세계의 학계를 놀라게 했다. 페라이트 자석은 강한 힘은 아니지만 우수한 온도 특성을 가지고 있어 최대 540℃의 높은 온도에서도 자력이 감소하는 현상 없이 안정적으로 사용할 수 있다. 네오디뮴 자석은 지구상에 현존하는 가장 강력한 영구 자석이다. 이 자석에서 네오디뮴은 특이한 원자 모양으로 철 원자를 붙잡아 자기 모멘트가 흐트러지지 않도록 해 준다. 아주 강력해서 작은 크기라도 심한 부상을 입을 수 있고, 대형 자석의 경우 뼈가 부러지는 사고가 발생할 수도 있다고 한다. 이 자석 덕분에 하드 디스크와 휴대 전화의 크기가 작아질 수 있었다.

▒ 일상을 편하게 바꿔 주는 신소재

마트에서 구입한 물건들을 비닐 봉지에 담고, 플라스틱 용기에 담긴 음식을 먹는 등 우리 생활은 여러 가지 신소재에 의존하고 있다. 우리가 가장 많이 사용하는 것은 플라스틱으로 그 원료는 석유이다. 플라스틱은 석유에서 추출되는 원료를 결합하여 만든 화합물이다. 고무나 송진 등 천연 수지를 흉내내어 만든 물질이어서 합성 수지라고도 한다.

플라스틱은 가격이 저렴하고 가공 또한 용이해서 생활용품으로 널리 활용되고 있다. 하지만 플라스틱이 처음 만들어졌을 때는 장난감 정도의 용도로만 인식되었다. 그러다 공군에서 플라스틱 재질로 만든 총을 사용한 후 다양한 분야에서 사용하게 되었다. 미국 조지아 대학교 연구 팀이 〈사이언스〉지에 발표한 자료에 따르면, 1950년대부터 2015년까지 인류가 생산한 플라스틱 쓰레기는 83억 톤에 달한다고 한다.

플라스틱은 산성에 강한 물질이다. 그래서 염산, 황산과 같은 강한 산에 절대 녹지 않고, 금을 녹이는 왕수와 유리를 녹이는 불산에도 녹지 않는다. 그러나 유기 용매에는 약해서 아세톤 등에는 매우 쉽게 녹는다. 또한 불에도 취약하다.

플라스틱에는 열경화성 플라스틱과 열가소성 플라스틱이 있다.

열경화성 플라스틱은 열을 가하면 단단해지거나 타 버리는 성질이 있고 재활용이 쉽지 않다. 고분자 사슬들이 공유 결합을 통해 연결되어 있기 때문이다. 베이클라이트, 에폭시, 멜라민, 아미노 및 페놀 수지 등이 열경화성 플라스틱이다. 가구 겉면 등을 코팅하거나 운동복을 만드는 데 사용한다.

열가소성 플라스틱은 열을 가하면 녹아 내리는 성질이 있어 재활용이 비교적 쉽다. 공유 결합이 아닌 분자 간의 간접적인 상호 작용으로 붙어 있기 때문이다. 폴리스티렌, ABS, 폴리아세탈, 폴리에틸렌, 폴리염화비닐, 폴리카보네이트, 나일론 등이 열가소성 플라스틱이다. 식품 용기나 지퍼락에 쓰이는 것은 폴리프로필렌, 일회용품과 스티로폼에 쓰이는 것은 폴리스티렌, 페트병에 쓰이는 것은 PET이다.

그렇다면 요구르트 용기에 쓰이는 플라스틱은 무엇일까? 우리가 좋아하는 프라모델에는 어떤 종류의 플라스틱이 사용될까? 모두 폴리스티렌(polystyrene)이다. 폴리스티렌은 생활용품이나 장난감, 텔레비전 케이스 등에 사용하는 플라스틱이다. 적당히 딱딱하고 투명하며, 가격이 싸고 반응성이 낮기 때문이다. 폴리스티렌은 가볍고, 맛과 냄새가 없다. 예외적으로 거품 폴리스티렌(스티로폼)은 발포를 통해 다른 구조를 갖는 폴리스티렌을 말한다.

FDM 3D 프린터는 주로 ABS를 사용한다. ABS는 아크릴로나이트릴(Acrylonitrile), 뷰타다이엔(Butadiene), 스타이렌(Styrene)을 원료로 만드는데 열과 충격에 강한 특징을 가지고 있다. ABS는 MP3 플레이어, 전자 계산기, 워크맨 등 휴대용 전자 제품에도 사용된다. 그리고 휴대 전화나 노트북에는 개량형 ABS 수지가 많이 사용된다. 다만, 스타이렌 분해 시 환경 호르몬이나 발암 물질이 배출될 수 있기 때문에 주의해야 한다.

우리가 일상생활에서 많이 쓰는 비닐 봉지는 무엇으로 만드는 것일까? 우유팩이나 종이컵을 코팅하는 재료는 무엇일까? 바로 폴리에틸렌(polyethylene)이다. 폴리에틸렌은 산소의 이동을 효과적으로 차단하기 때문에 식품 포장에 주로 사용된다. 열에는 조금 약하지만 일상생활에서 가장 많이 쓰이는 플라스틱의 한 종류라고 할 수 있다.

또한 고무 대야, 호스, 비닐 하우스나 바닥 장판에 사용하는 플라스틱은 폴리염화비닐(polyvinyl cholride)로, 세계에서 세 번째로 많이 생산되는 플라스틱이다. 충격과 열에 약하지만 무독성이고 화학적 안정성이 뛰어나 화학 약품 등 액체를 다루는 용기에도 사용된다. 폴리염화비닐은 사용 과정이나 폐기 과정에서 유독 물질이 많이 나오기 때문에 주의해야 한다.

안경이나 선글라스의 렌즈, 그리고 오토바이 헬멧이나 건축물의 플라스틱 투명 지붕 등에 사용하는 것은 폴리카보네이트(polycarbonate)이다. 폴리카보네이트는 충격에 강해 잘 파손되지 않는 특징이 있다. 2021년 12월부터는 새로운 여권의 소재로도 사용되고 있다. 다른 플라스틱에 비해 상대적으로 비싸고 열에 강하다.

월리스 흄 캐러더스(Wallace Hume Carothers, 1896~1937)가 발명한 나일론(nylon)은 질기고 잘 미끄러지지 않는 성질이 있다. 그래서 광택이 나고 질긴 옷감은 나일론으로 만들어진 경우가 많다. 하지만 햇빛에 장시간 노출되거나 고온의 물로 세탁할 경우 변색이 될 수 있다.

폴리에틸렌 테레프탈레이트(polyethylene terephthalate)는 페트병의 주재료이다. 가볍고 냄새가 나지 않으며, 투명한 것이 특징이다. 생활용품이나 장난감에도 사용된다.

플라스틱은 잘 썩지 않는 물질이다. 스티로폼은 썩는 데 500년이 넘게 걸린다. 이런 성질 때문에 하수도 파이프나 밀폐 용기로 사용하는데, 덕분에 음식물의 유통 기한이 늘어나기도 한다.

플라스틱이 땅과 바닷속에 계속 존재하면 어떻게 될까? 분해되지 않고 작은 입자로 쪼개진 미세 플라스틱은 시간이 갈수록 사람과 동물의 몸에 축적될 수 있다. 또한 플라스틱을 폐기할 때 발생하는 환경 호르몬과 유해 물질이 인체에 좋지 않은 영향을 미치게 된다. 생산량이 많은 만큼 플라스틱 제품은 반드시 재활용해야 한다. 우리가 분리 배출한 플라스틱은 종류별로 분류해서 물질 재활용, 에너지 재활용, 화학적 재활용의 방법으로 각각 활용하게 된다.

플라스틱의 물질 재활용은 플라스틱 재료 자체를 다시 사용하는 것이다. 수거된 플라스틱을 녹여서 치약짜개나 옷, 가방 등을 만들 수 있다. 에너지 재활용은 플라스틱을 에너지 생산의 연료로 사용하는 것이다. 앞서 언급했던 것처럼 플라스틱은 석유로 만들어졌으며, 실제로 발전소에서는 이렇게 만든 에너지를 사용한다. 그리고 화학적 재활용은 플라스틱을 화학적으로 분해해 다시 사용하는 것이다. 예를 들면 플라스틱을 분해해 오일로 만들어 난방 연료로 활용하는 경우다.

▒ '메타 물질' 시대의 인류

영화 〈해리 포터〉 시리즈에는 입으면 주인공이 보이지 않는 투명 망토가 나온다. 지금까지 발명하지 못한 이런 망토가 실제로 나타날 수 있을까? 메타 물질 시대가 되면 이런 일이 가능하게 될지도 모른다. 실제로 2021년 한국의 포스텍 연구팀은 나노 구조의 메타 물질로 빛의 경로를 자유자재로 조절해 수밀리미터 크기 물질을 감출 수 있는 기술을 시연해 보이기도 했다.

지금까지 인류가 만들어 낸 물질은 대부분 자연의 특성을 모방하거나 이용한 것이 많다. 반면, 메타 물질(metamaterial)은 자연에서 발견되지 않는 특성을 가지고 있다. 이를 위해 물질을 메타 원자로 구성한다. 메타 원자란 아주 작은 크기로 만든 금속이나 플라스틱 같은 물질로부터 형성된 요소로 구성된 물질을 말한다. 메타 물질의 특징은 구성 물질보다는 크기나 방향 등 배열 구조에 의해 나타난다.

TIP — 4차 산업혁명과 신소재

4차 산업혁명과 밀접하게 관련된 신소재는 무엇일까? 그래핀, 3D 프린팅 소재, 페로브스카이트 태양 전지, 초전도 소재 등이다.

그래핀은 강도, 열전도율 등 여러 특성에서 현재 존재하는 물질 중 가장 뛰어난 물질로, 디스플레이나 2차 전지 등에 사용된다. 페로브스카이트 태양 전지는 광물의 하나인 페로브스카이트 구조를 가진 물질을 광흡수층으로 사용하는 태양 전지이다. 성능이 뛰어나고 생산 비용이 저렴해서 앞으로가 기대되는 물질이다. 3D 프린터에는 플라스틱부터 금속까지 다양한 재료가 사용되고 있다. 초전도 소재는 특정 조건에서 전류에 대한 저항이 0이며, 주변 자기장을 상쇄하는 물질을 말한다. 주로 MRI에 사용되며, 앞으로 전력 수송용으로 사용되면 산업에 큰 영향을 미칠 가능성이 있다.

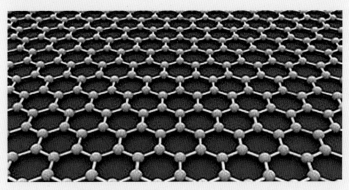

그래핀은 탄소의 동소체 중 하나로 원자 크기의 벌집 격자이다.

이러한 메타 물질은 어떤 특성이 있으며 이것이 필요한 이유는 무엇일까? 전자기파나 소리로 관측되지 않거나 특정 파장에서 음의 굴절률을 갖는 메타 물질들이 개발되고 있다. 또한 이러한 특성을 활용해 안테나의 렌즈, 초음파 센서, 건물의 지진 방지 장치, 항공 우주 산업 분야 등에서 새로운 개발이 이루어지고 있다.

4. 영화 속 신소재, 더 이상 꿈이 아니다

⠿ 〈어벤져스〉 토르에 숨겨진 신소재의 비밀

마블 시네마틱 유니버스에 등장하는 토르의 스톰 브레이커는 실제 현실에서 존재할 수 있을까? 스톰 브레이커는 타노스에게 상처를 입힐 수 있는 유일한 무기로, 번개를 증폭시키고 대단한 파괴력을 발휘하기도 한다. 이 스톰 브레이커의 원작에서의 이름은 야른비외른(járnbjörn). 고대 노르드어로 강철(járn) 곰(björn)이란 뜻이다.

토르의 이 해머와 가장 관련 높은 물질은 그래핀(graphene)이다. 연필심에서 흔히 볼 수 있는 흑연의 한 층을 그래핀이라고 한다. 그래핀은 연료 전지나 반도체 등 그 활용 분야가 다양하다.

발상은 간단해 보이는 그래핀이 꿈의 물질로 불리는 이유는 무엇일까? 그래핀은 강도가 강철보다 200배 강하고 전기 전도도는 송전선을 만드는 구리보다 100배 이상 높다. 그리고 최고의 열전도성을 자랑하는 다이아몬드보다 2배 이상 열전도성이 높다.

그래핀이 이런 성질을 가질 수 있는 이유는 바로 탄소 원자들이 육각형 모양의 벌집 구조(honeycomb structure)를 이루고 있기 때문이다. 원자 1개의 두께로 이루어진 얇은 막이면서 동시에 물리적, 화학적 안정성이 높은 것이다.

그렇다면 토르의 힘인 번개는 어떻게 형성되는 것일까? 이것을 이해하기 위해서는 플라즈마(plasma) 상태의 개념을 알아야 한다. 번개의 원리인 플라즈마 상태에서 플라즈마는 이온화된 기체를 말한다. 플라즈마 상태란 고체, 액체, 기체가 아닌 4번 째 상태로 원자핵과 자유 전자가 따로따로 떠돌아다니는 것이다. 이러한 특성으로 인해 플라즈마는 전기를 쉽게 전달할 수 있으며, 특정 방향으로 가속화될 수도 있다. 어떤 원소든 이런 상태가 될 수 있으며, 오로라나 번개 등이 대표적으로 플라즈마에 의해 일어나는 자연 현상이다.

실제 자연에서 번개는 빗방울이 바람에 의해 하늘로 올라가는 과정에서 쪼개지고, 양전하를 띠게 된다. 양전하는 주변 공기를 음전하를 띠는 플라즈마 상태로 만든다. 또 빗방울이 아래로 떨어지며 쪼개지기 때문에 음전하를 띠는 공기는 바닥 쪽으로 퍼져 가게 된다. 이렇게 양전하와 음전하가 전자를 주고받으며 대량의 전기를 만든다. 여기서 만들어지는 전자기파(가시광선)가 우리가 눈으로 보는 번개가 되는 것이다. 그리고 이 전기로 인해 주변 공기가 순식간에 폭발하는데, 이것이 바로 천둥이다.

번개를 만드는 것이 실제로 가능할까? 플라즈마를 자기장을 이용해 담는 것은 현재 토카막(tokamak) 장치를 통해 가능하며, 이를 이용한 것이 우주선 등에 쓰이는 엔진이다. 토카막은 핵융합 발전 과정에서 플라즈마를 담아 두기 위해 자기장을 이용하는 도넛형 장치이다. 토카막 구조에 담긴 플라즈마 내부에는 전류가 흐르고, 이렇게 생긴 자기장이 플라즈마 불안정성을 만들어, 플라즈마가 벗어나지 않도록 또 다른 자기장이 필요하게 된다. 에너지를 담아 두는 시간이 다른 방식에 비해 높기 때문에 발전 효율이 높다.

⚙ 아이언맨 슈트로 보는 나노 소재의 변화

〈아이언맨〉에 등장하는 슈트는 내구력과 방수 기능, 비행은 물론이고 광선 발사, 미사일과 스마트 탄환, 인공 지능에 이르기까지 다양한 기능이 있다. MK-1은 강철 슈트로, 이때만 해도 덩치가 크고 무거운 특징을 가졌으며 강화복으로 화염 방사기와 소형 로켓도 장착되어 있었다. 〈어벤져스: 인피니티 워〉부터는 나노 기술을 적용, 평상복에서 가슴의 나노 입자 슈트 저장부 및 리액터를 터치로 사출시켜 바로 환복하게 된다.

이름 자체가 나노 슈트인 MK-50은 용도에 맞게 슈트를 변환시킬 수 있다. 뿐만 아니라 나노 입자로 자체 수리를 하거나 응급 처치를 하는 것도 가능하다. 운석 투하에도 손상이 없는 등 견고하고 강한 특성을 보이기도 한다.

나노 입자 기술을 적극적으로 활용한 MK-85도 MK-50처럼 나노 입자 기술을 이용했다. 다만 MK-50이 나노 입자가 바로 슈트로 된 반면, MK-85는 슈트 부품을 따로 생성한 뒤 슈트가 만들어진다는 차이점이 있다. 그래서 슈트를 조일 필요가 없어지게 되었다.

나노 기술은 10억분의 1미터인 나노미터 크기의 물질을 조작하는 기술이다. 나노 입자가 아이언맨 슈트로 사용된 것은 나노 입자의 광학적, 화학적, 물리적, 전자적 특성 덕분이다. 나노 영역에서는 입자의 색깔이 크기에 따라 변한다. 예를 들어 금(Au)은 적색이나 청색, 녹색 등 다양한 색깔을 나타낸다. 구성하는 원소가 무엇인가에 따라서도 다른 변화가 생기는데, 은(Ag)의 경우 모양이 동그란지 납작한 동전 모양인지에 따라 노란색이나 파란색으로 나타나기도 한다.

이산화티타늄(TiO_2) 입자는 나노 크기에서 자외선을 받으면 살균력이나 세척력을 갖는 특성이 있다. 이것은 물질이 작은 크기로 나눠짐에 따라 표면적은 급격히 커지기 때문이다. 나노 물질은 다른 물질과 섞였을 경우 강도가 증가하기도 하고, 전자적 성질을 띠는 입자들은 나노 크기에서 자기적 성질이 강해지기도 한다.

서로 다른 종류의 나노 물질들을 조립해서 함께 사용하면 더 다양한 특성을 얻을 수 있다. 화학 반응을 일으키거나 빛을 내뿜기도 한다. 여러 나노 물질을 합치기 위해서는 하나의 나노 입자를 다른 종류의 물질로 덮거나 2차원 표면에 채우고 이를 층층이 쌓아 올릴 수도 있다.

이러한 나노 기술은 실제 생활에서 어떻게 사용되고 있을까?

우리가 사용하는 휴대폰과 컴퓨터에 정보를 저장하는 메모리 반도체는 이러한 나노 기술을 적용한 것이다. 전력 소모를 줄이고 생산 비용 또한 절감하면서 크기도 작아진 정보 저장 장치의 생산이 가능해진 것이다.

또한 이산화티타늄으로 코팅한 화장실은 살균 효과가 있다. 나노로 만든 통증 없는 주삿바늘, 유전자 분석과 조작, 나노 크기의 운반체를 이용해 약을 인체에 투입하는 것도 가능하다. 그 밖에도 나노미터 크기의 센서와 촉매제를 통해 환경의 오염을 막을 수도 있다고 하니 그 용도가 무궁무진하다고 할 수 있다.

⠿ 전설 속 영웅이 입은 슈트의 진화

전설 속 영웅이 입었던 슈트는 무엇으로 만든 것일까? 영화 〈어벤져스〉에서 미국 국기 모양의 방패를 들고 다니는 캡틴 아메리카. 가벼우면서도 파괴되지 않고 무기로도 사용하는 이 방패는 바로 비브라늄(vibranium) 소재로 만들어진 것이다. 비브라늄은 영화에 등장하는 가상의 물질로, 외계 행성에서 온 운석이다. 진동 에너지와 운동 에너지를 흡수하고 근처의 금속들을 녹여 버리기도 한다.

이런 비브라늄과 비슷한 물질이 바로 티타늄(titanium)이다. 티타늄은 그리스 신화 속 거인 '티탄(Titan)'에서 유래한 말이다. 강철 무게의 60퍼센트밖에 되지 않고 잘 부식되지도 않는다. 또한 녹는점은 약 1,600℃ 이상으로 잘 녹지 않는다. 사실 티타늄이 철에 비해 강도가 우월한 것은 아니지만, 가벼울수록 좋은 전투 상황에서 큰 역할을 하는 물질이다.

 미래 신소재 개발 어디까지 왔나

탄소 나노 튜브
미래에 각광 받는 신소재는 광섬유, 그래핀, 실리센, 위상 부도체, 탄소 나노 튜브, 형상 기억 합금 등이다.
광섬유는 섬유 내부에서 빛을 굴절시키는 섬유로, 주로 전기 신호를 빛으로 변환하여 데이터를 보내는 통신에 사용된다. 이러한 광섬유가 각광 받는 이유는 이 과정에서 데이터의 손실이 거의 0에 가깝기 때문이다. 굵기는 머리카락 굵기인 대략 0.1밀리미터이며 유리나 플라스틱으로 만든다. 내시경이나 액세서리 등에 사

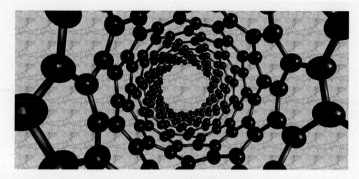

탄소 나노 튜브의 육각형 벌집 구조

융되기도 힘디

앞에서 설명한 그래핀은 터치 기능을 가지면서도 구부릴 수 있는 핸드폰을 만드는 데 사용될 수 있다. 하지만 띠틈(band gap)이 없어 저항을 이용하기 어렵다. 물질을 반도체로 사용하려면 적당한 저항이 존재해야 하기 때문이다.

그래핀을 대신할 실리센(silicene)은 그래핀과 같은 육각 구조의 2차원 물질로, 규소(Si)로 구성되어 있다. 그래서 그래핀과 같이 강하고 얇으며 유연한 성질이 있다. 동시에 실리센은 띠틈이 있어 저항을 조절하여 반도체에 활용될 가능성이 높다. 다만, 구조의 안정성 등에 대한 연구는 계속 진행되고 있다.

위상 부도체는 물질의 경계에서 위상 수학적 조건을 만족함으로써 전도성을 갖는 물질을 의미한다. 위상 부도체는 물질의 두께를 얇게 하는 방식 등으로 그래핀보다 띠틈이 쉽게 열리는 장점이 있다. 도핑을 일으키지 않도록 계속 연구 중에 있다.

탄소 나노 튜브는 탄소 원자들이 육각형의 벌집 모양으로 배열된 것으로, 철의 100배 이상의 강력한 강도를 가지고 있다. 탄소의 배열 방법에 따라 전도성이 변하는 등의 문제를 해결하기 위해 아스팔트로 가공하는 실험 등이 이루어지고 있다.

형상 기억 합금은 변형되어도 열을 가하면 원래의 형상으로 회복되는 물질이다. 열을 가하면 원래 형태로 돌아오는 이유는 금속 내 원자 간 결합은 그대로 보존되기 때문이다. 온도가 낮을 때 성형했다가 온도를 올리면 원래의 형태로 돌아오거나, 특정 온도 구간에서 늘어났다가 힘을 제거하면 다시 돌아온다. 기계 부품, 의료 기기, 의복 등 여러 분야에 이용되며, 무한한 가능성을 가진 소재이다.

유전자 기술을 둘러싼
사회적 쟁점늘

GMO(유전자 변형 생물체)는 전통 육종으로 교배가 불가능한 서로 다른 종의 유전자를 변형, 재조합하여 만든다. 2000년 1월 생물다양성협약(CBD)에 근거한 '카르타헤나 의정서'에서는 살아 있음(living)을 강조하여 LMO(살아 있는 유전자 변형 생물체)로 부르기 시작했다. 유전자 가위는 말 그대로 유전자를 가위처럼 잘라 편집하는 기술이다. 그러나 '인간의 생명'을 둘러싼 논란 또한 끊이지 않고 제기되고 있다. 생명과학 기술의 발달은 빠르게 이루어지는 데 반해 이를 뒷받침할 만한 생명 윤리 지침이 마련되어 있지 않기 때문이다.

1. 식탁의 보이지 않는 침입자, GMO

⠿ 유전자 변형 생물체(GMO)란

방울토마토, 오이고추, 머루포도…. 한번쯤 우리 식탁에 오른 친숙한 식품이다. 이 식품들의 공통점은 바로 자연 상태 그대로의 먹거리가 아닌 인위적으로 만들어 낸 신(新)품종이라는 것. 원래 토마토는 방울처럼 작지 않다. 토마토를 재배하던 농부가 우연히 아주 작은 토마토를 수확하게 되었고, 작은 토마토끼리 여러 번 교배하여 방울토마토를 만들게 된 것이다. 오이고추나 머루포도 역시 각 작물의 장점을 얻기 위해 장기간, 여러 번의 교배로 얻은 일종의 발명품이라 할 수 있다. 씨 없는 수박이나 거봉(알이 큰 포도)도 마찬가지다.

이처럼 생명체에서 원하는 형질(특징)을 얻기 위해 교배를 통해 그들이 가지고 있는 유전자를 좋은 것으로 바꿔 주는 과학 기술을 전통 육종(育種)이라고 한다. 1960년대 육종 기술로 농작물의 품종을 개량하여 식량 생산이 획기적으로 증가했다. 이것이 '녹색혁명'이다. 녹색혁명은 지난 백 년간 16억 명에서 60억 명으로 급격하게 증가한 인류를 먹여 살린 일등 공신이다.

육종 기술은 원하는 형질을 얻기 위해 여러 번의 교배와 선발 작업을 거친다. 따라서 시간과 비용이 많이 든다는 단점이 있다. 그리고 같은 종 내에서만 교배하므로 원하는 형질을 얻는 데 한계가 있다. 종(種, species)이란 생물학적으로 유전자가 비슷하고 교배가 가능한 집단을 말한다. 같은 종 안에 원하는 형질이 없을 경우 전통 육종으로는 교배 대상을 찾을 수 없다.

GMO(genetically modified organism, 유전자 변형 생물체)는 전통 육종으로 교배가 불가능한 서로 다른 종의 유전자를 변형, 재조합하여 만든다. 다른 종의 좋은 유전자를 가져와 교배할 수 있어서 그 연구 범위가 넓고, 전통 육종보다 개발 기간도 짧다. 예컨대 기존의 콩 유전자에 제초제를 분해할 수 있는 유전자를 이식하여 '제초제를 뿌려도 잘 죽지 않는 콩'을 만든다. 이 콩밭에 제초제를 뿌리면 잡초는 제거되지만 콩은 살아남아 쉽게 농사를 지을 수 있는 것이다. 제초제를 분해하는 유전자는 미생물로부터 얻는다. 흙 속에는 물질을 분해하는 미생물이 많다. 자연 상태에서는 절대 교배될 수 없는 콩과 미생물의 유전자를 변형하고 재조합하여 새로운 작물을 만든 것이 GMO이다.

유전자 변형(GM) 농산물은 대부분 아그로박테리움(agrobacterium)을 이용하여 만든다. 아그로박테리움은 식물에 기생하는 병균인데, 감염된 식물에 자신의 유전자를 이식하는 성향이 있다. 이 특성을 이용하면 다른 종의 생물에서 원하는 유전자를 분리하고 아그로박테리움

1 단계	미생물에서 가뭄에 잘 견디는 **유전자를 분리**한다.	
2 단계	아그로박테리움에 **유전자를 이식**한다.	
3 단계	가뭄에 잘 견디는 **미생물 유전자를 옥수수에 넣는다.	
4 단계	유전자가 변형된 **옥수수를 선별**한다.	
5 단계	**가뭄에 잘 견디는 옥수수**	

GM 옥수수 생산 과정

에 이식하여 GM 농산물을 만들 수 있다. 가뭄에 잘 견디는 유전자를 미생물에서 분리하여 아그로박테리움에 이식한 후 이것을 옥수수 유전자에 넣고 선발 과정을 거치면 '가뭄에 잘 견디는 GM 옥수수'가 탄생한다. 제초제에 강한 콩, 가뭄에 잘 견디는 옥수수, 해충을 죽이는 감자, 갈변하지 않는 사과, 무르지 않는 토마토…. 모두 GM 작물이다.

GM 농산물뿐만 아니라 GM 동물도 있다. 1989년 미국과 캐나다 합작 회사인 아쿠아바운티는 붕장어와 왕연어의 유전자를 대서양연어에 이식하여 GM 동물 '슈퍼연어'를 만들었다. 보통 대서양연어는 겨울에 성장 호르몬이 나오지 않지만, 슈퍼연어는 1년 내내 성장 호르몬이 생산되어 보통 대서양연어보다 2배 빨리 성장한다. 슈퍼연어는 캐나다에서 이미 판매 중이다.

GMO는 언제부터 등장했을까? 그 시작은 멘델(Gregor Mendel, 1822~1884)의 유전 법칙까지 거슬러 올라간다. 멘델은 1856년부터 7년 동안 약 3만 개의 완두콩을 교배 실험하여 유전 법칙을 정리하였다. 우리가 과학 시간에 배우는 우열, 분리, 독립의 법칙이 그것이다. 이후 과학자들은 유전에 영향을 미치는 세포 내 물질을 연구하였다. 유전자, 염색체, DNA를 차례로 발견하며 DNA에 유전 정보가 있음을 알아낸 것이다. DNA의 구조와 염기 서열을 구명하고, DNA를 절단(제한 효소)하거나 접착(연결 효소)하여 변형하고 재조합하는 기술이 등장하게 되었다.

실험실에서 농장으로 자리를 옮긴 생명과학은 상업화할 수 있는 GM 작물을 개발하였다. 1988년 미국 칼젠사는 쉽게 무르지 않는 유전자 변형 토마토 '플레이버 세이버(Flavr Savr)'를 개발하여, 1994년 미국 식품의약국(FDA)의 승인을 받고 판매하면서 최초로 상업화에 성공했다. 1996년 6개국 150만 헥타르의 경작지에서 재배하던 GM 농산물은 2018년 26개국 1억 9,170만 헥타르에서 재배하고 있다. 이는 대한민국 면적의 20배에 이른다. 주요 재배 작물은 콩(50퍼센트), 옥수수(31퍼센트), 면화(13퍼센트), 카놀라(5퍼센트)이고, 미국(39퍼센트), 브라질(27퍼센트), 아르헨티나(12퍼센트), 캐나다(7퍼센트), 인도(6퍼센트) 순으로 재배량이 많다(농업생명공학응용을 위한 국제 서비스(ISAAA) Brief No. 54).

지난 20여 년간 전 세계 재배 면적이 130배 늘어난 GM 작물. 그런

유전자 '변형'인가, '조작'인가

GMO를 찬성하는 쪽에서는 '유전자 변형(또는 재조합) 생물체', 반대하는 쪽에서는 '유전자 조작 생물체'로 번역한다. '변형'이나 '재조합'은 과학적이고 가치 중립적인 표현이지만, '조작'은 부정적인 느낌이 강하다. 주로 GMO 개발 회사나 관련 직종에서 연구비를 받는 경우 '유전자 변형'이나 '재조합'으로, 그렇지 않은 시민 단체나 소비자 단체, 비영리 기구에서는 '유전자 조작'으로 표현한다.

우리나라 법률과 각 부처에서는 '유전자 변형'과 '유전자 재조합'이 혼용되다가 2014년 식품의약품안전처에서 '유전자 변형'으로 통일하였다. 일본에서는 '유전자 조환(組換, 바꾸어 조직함)'이라고도 한다.

한편 2000년 1월 생물다양성협약(CBD)에 근거한 '카르타헤나 의정서'에서는 살아 있음(living)을 강조하여 LMO(living modified organisms, 살아 있는 유전자 변형 생물체)로 부르기 시작했다. 이후 국제 협약에서 이 용어가 자주 등장한다. LMO는 생물 자체의 생식과 번식이 가능한 것(예: 슈퍼연어)을 말한다. GMO는 생식이나 번식이 가능하지 않은 것(예: GM 콩으로 만든 두부)도 포함하는 포괄적인 용어로 사용된다.

데 우리는 아직 그것에 대해 잘 모른다. 먹어도 안전한 것인지, 왜 우리가 이렇게 많은 GM 농산물을 이용하고 있으면서도 잘 몰랐는지, 생태계에는 어떠한 영향을 미치는지, 그리고 GM 작물의 개발과 판매 과정은 어떤지 등 궁금한 내용에 대해 살펴보자.

▓ 꼭꼭 숨은 GMO, 사라진 소비자 주권

우리나라는 현재 GM 작물 재배는 금지되어 있고 수입만 가능하다. 2021년 우리나라가 수입한 GMO는 1,114만 5천 톤으로 이 중 농업용(사료용)은 939만 톤(84.2%), 식품용은 175.5만 톤(15.7%)이다. GMO를 많이 수입하는 세계 3대 국가 중 하나이며, 식품용으로만 따지면 1위로 추정된다. 주로 아르헨티나(41.4%), 미국(33.3%), 브라질(17%) 등 아메리카 대륙에서 수입하며, 사료용 GM 옥수수(83%), 식품용 GM 콩(9%)이 대부분을 차지한다(한국생명공학연구원 바이오안전성정보센터, "2021년 유전자 변형생물체 관련 주요 통계"). 대부분 가축의 사료로 쓰이는 농업용을 제외하고 식품용 GMO만 따져도 국민 한 명이 한 해 동안 먹는 GM 식품은 40킬로그램이 넘는다. 1인당 연간 쌀 소비량이 60킬로그램 정도임을 감안하면 매우 많은 양이라고 할 수 있다.

시중에 판매되는 모든 식품에는 열량, 나트륨이나 콜레스테롤 함량 등 영양 성분을 비롯하여 유통 기한, 원산지, 원재료, 알레르기 유발 물질, 섭취 시 주의 사항 등 다양한 정보가 표시되어 있다. 이처럼 정보를 표시하는 이유는 물론 소비자의 권리와 이익을 보장하기 위해서이다. 그런데 국민 1인당 연간 소비량 40킬로그램이 넘는 GM 작물에 대한 성분 표시는 거의 찾아볼 수 없다. 왜 그럴까? 우리 식탁에 매일 오르는 GM 식품, 모르고 먹어도 괜찮을까?

GM 농산물 판매를 시작한 지 20년이 지났지만, 이것이 인체에 안전한가에 대한 찬반 논란은 끊이지 않고 있다. GM 작물의 유해성에 관한 연구 중 유명한 것은 2012년 프랑스 캉(Caen) 대학의 세랄리니(Gilles-Eric Séralini) 교수 팀이 발표한 논문이다. 연구진은 2년 동안 200마리의 실험용 쥐에게 미국 농화학 기업 '몬산토'의 GM 옥수수(NK603)를 먹였다. 연구 결과 4분의 3에 해당하는 쥐에서 종양이 발견되었고, 사망률은 대조군에 비해 2~5배 높았다는 사실이 알려지며 GM 식품 반대 운동이 거세졌다. 하지만 실험 조건에 문제가 있다는 지적으로 논문이 철회되었다가 다시 게재되는 등 논란이 되었다.

세라리니의 연구는 GM 옥수수뿐만 아니라 글리포세이트(glyphosate)의 위험성에 대해 경고하였다. 글리포세이트는 GM 작물을 재배하는 데 쓰이는 농약(제초제)의 주성분이다. 글리포세이트를 뿌려도 죽지 않도록 만들었으니 GM 작물과 글리포세이트는 서로 뗄 수 없는 관계다. 그런데 2015년 세계보건기구 산하 국제암연구소(International Agency for Research on Cancer, IARC)는 이것을 2등급(2A) 발암 물질로 발표하였다. 글리포세이트의 유해성에 대한 불안은 더욱 커졌고, 글리포세이트를 뿌려도 죽지 않는 '슈퍼 잡초'가 나타나면서 그것을 죽이기 위해 더 많은 제초제를 사용하게 되었다. GM 작물과 농약으로 인한 환경 오염과 생태계 파괴가 심각해지고 있는 실정이다.

사실 GM 작물의 안전성에 대한 논쟁은 연구가 진행 중이거나 전문가들만 알 수 있는 전문적인 내용이 많아서 일반인은 이해하기 힘들다. 세라리니의 연구를 불신하는 과학자들은 더 많은 기간과 실험 대상을 투입한 연구를 진행 중이고, 글리포세이트 또한 발암성이 없다는 연구 결과도 존재한다. 분명한 것은 "GMO의 안전성은 아직 확인되지 않았다"라는 것.

그렇다면 최소한 논란이 있는 식품이 무엇인지 알고, 먹거나 먹지 않을 선택권을 가져야 하지 않을까? 우리가 매일 먹는 콩기름, 옥수수유 등 식용유와 올리고당이나 시럽 같은 당류는 대부분 GM 콩이나 옥수수로 만들어진다. 하지만 콩기름을 백 퍼센트 GM 콩으로 만들었다고 해도 우리는 그것이 GM 콩으로 만든 것인지 알 수 없다. GMO 표시 제도에 허점이 있기 때문이다.

GMO 표시 제도는 1997년 유럽연합(EU)에서 처음 시작하여 현재 40개 이상의 국가에서 시행되고 있다. 우리나라는 2001년 이 제도를 도입하였다. 우리나라에서 식품용으로 승인된 GMO는 콩, 옥수수, 면화, 카놀라, 사탕무, 알팔파 6종이다. '유전자 변형 식품 등의 표시 기준'에 따르면, GM 농축수산물과 이를 원재료로 하여 제조한 후에도 GM DNA나 단백질이 남아 있는 식품은 반드시 GM 식품임을 표시해야 한다.

하지만 의도하지 않게 3퍼센트 이하로 섞였거나, 정제 과정에서 GM DNA나 단백질이 남지 않은 당류(포도당, 과당, 엿, 시럽, 올리고당)나 유지류(식용유), 간장, 변성 전분, 주류 등은 표기하지 않아도 된다.

이와 같은 예외 조항 때문에 우리는 GM 식품을 먹고 있는 것인지 알 수 없다. 콩이나 옥수수는 그대로 먹기보다는 식용유, 올리고당, 간장, 두부로 가공하여 섭취하는 경우가 많은데, 제조 과정에서 GM DNA나 단백질이 거의 남지 않기 때문이다. 그래서 소비자 단체는 식품 표시에 예외를 두지 않고 원재료를 모두 표시하는 'GMO 완전 표시 제도' 도입을 주장하며, 중국과 유럽연합은 이미 실시하고 있다.

한 조사에 따르면, 우리나라 국민의 절반 이상(53.4%)은 유전자 변형 식품이 안전하지 않다고 인식했다(한국바이오안전성정보센터, "2019 대국민 LMO 인식 조사"). 또한 대부분의 국민(89.4%)이 시중에 판매되는 제품에 GMO 원료 사용 여부를 표시할 필요가 있다고 응답했다. 소비자들은 유전자 변형 식품의 안전성을 의심하고 원재료까지 완전하게 알기 원한다. GMO 완전 표시제는 소비자의 알 권리와 선택할 권리, 안전할 권리 등 소비자 주권을 보호하는 중요한 수단이라 할 수 있다.

░░ GMO의 그늘, 다국적 농업 자본의 독점

맵고 칼칼한 맛이 나는 청양고추. 청양고추는 고추 육종가 유일웅 박사가 제주산 고추와 태국산 고추를 잡종 교배하여 개발했다. 경북 청송군과 영양군 일대에서 임상 재배해서 청양고추라고 한다. 하지만 청양고추 종자 특허권은 다국적 기업인 '바이엘'에 있다. 국내 종자 기업 '중앙종묘'에 있던 청양고추 특허권이 1990년대 말 외환 위기를 겪으며 기업 인수 합병으로 다국적 기업 '세미니스'에 넘어갔기 때문이다. 이후 세미니스는 몬산토에 합병되고 몬산토는 2018년 6월 바이엘에 합병되었다. 청양고추를 먹을 때마다 외국 기업에 로열티(사용료)를 내고 있는 것이다.

지금은 바이엘에 인수 합병되었지만, 미국의 다국적 농화학 기업 몬산토는 세계 GMO 특허권의 80퍼센트 이상을 소유하고 있다. 청양고추뿐만 아니라 우리가 자주 먹는 파프리카, 시금치, 토마토, 양파 등 많은 종자 소유권이 몬산토에 있다. 몬산토는 원래 DDT와 고엽제로 유명한 농약 제조 업체였다. 1974년 제초제 '라운드업'을 개발하고, 그 것에 내성을 가진 다양한 유전자 변형 작물(라운드업 레디)을 개발하면서 GM 종자 산업에 뛰어들었다. 이후 GM 작물 개발에 주력하여 제초제와 GM 작물 종자를 함께 팔면서 시장 점유율을 높여 나갔다.

GMO 반대 시민 단체가 주도하는 '세계 몬산토 반대의 날'이 매년 5월 세계 각지에서 열릴 정도로 GMO 개발과 판매에서 독보적인 기업이다.

GMO는 인위적으로 유전자를 변형해 만든 일종의 발명품이다. 따라서 그것을 개발한 기업에게 지적 재산권(특허권)이 있다. 세계 종자 시장은 이른바 빅 3로 불리는 다국적 기업 바이엘(독일), '켐차이나'(중국), '다우듀폰'(미국)이 60퍼센트 이상 점유하고 있다. 이들 기업은 GM 작물 개발이 식량 부족 문제를 해결할 것이라고 주장하지만, 세계 식량 생산량은 이미 전 세계 인구를 먹여 살리고도 남는다. 그런데 한쪽에서는 영양 과다와 비만을 걱정하며 음식 쓰레기가 넘쳐나고, 반대쪽에서는 굶주린 이들이 영양실조와 질병에 시달린다. 요컨대 세계 식량 문제는 생산량이 부족해서가 아니라 분배가 제대로 되고 있지 않기 때문이다.

소수 기업이 GMO 개발과 판매를 독점하는 현상은 여러 가지 문제를 일으킨다. GM 작물의 재배가 확산되면, 기존의 토지와 환경에 적응했던 다양한 재래 품종이 줄어든다. 몇몇 GM 작물로 품종이 단순해져 품종 다양성을 저해하고, 환경 변화에 대응할 수 있는 능력 또한 약해진다. 이는 농업의 쇠퇴와 다국적 기업에 대한 종속 강화로 이어져 각국의 식량 주권을 침해한다.

식량 주권이란 국가가 식량을 다른 나라로부터 간섭받지 않고, 자국민이 원하는 식량 작물을 선택하고 생산하여 안정적으로 공급할 수 있는 권리를 의미한다. 소수 다국적 기업의 거대 자본에 의해 개발되고 생산·판매되는 GMO 시장이 확대될수록 그들의 이익은 증가하겠지만, 기술과 자본이 없는 국가와 국민은 다양한 토종 작물을 재배하고 소비할 기회를 잃고 단일화된 GM 작물을 소비하며 식량에 대한 접근권과 선택권을 박탈당할 수 있다.

 식량 주권과 식량 안보, 그리고 식량자급률

'식량 주권'과 함께 자주 등장하는 개념이 바로 '식량 안보(food security)'이다. 이들은 상호 보완적인 개념으로 식량 주권이 인간의 기본적인 인권(식량권) 측면에서 접근한다면, 식량 안보는 국가적 차원에서 국내 농업 자원을 보호하고 항상 일정한 양 이상의 식량을 보유할 것을 강조하는 개념이다.

식량 안보라는 용어는 1973~1974년 세계 식량 위기 후 각국이 식량 증산을 강조하기 위해 사용하기 시작하였으며, 이후 자유 무역을 통한 식량 확보를 강조하는 의미로 변화하였다. 식량 주권은 인권으로서의 식량권 개념에서 출발하여 지역성, 민주성, 생태성이라는 가치까지 포괄하는 개념이다.

식량 주권을 보장하기 위해서는 전체 식량 소비량 중 국내에서 생산·조달할 수 있는 비율을 나타내는 '식량 자급률'이 높아야 한다. 우리나라 식량 자급률은 2018년 기준 46.7퍼센트이며, 이 중 곡물 자급률은 23퍼센트로 세계 최하위권이다. 게다가 코로나바이러스감염증-19로 세계 식량 생산량과 수출입, 물자 이동이 줄어듦에 따라 식량 안보 위기를 걱정하는 목소리가 커지고 있다. 이에 식량 주권을 헌법에 명시하여 식량 안보를 강화하자는 움직임도 나타나고 있다.

2. 생명공학의 새로운 슈퍼스타, 유전자 가위

▒ 유전자도 '편집'할 수 있나요?

봉준호 감독의 2017년 영화 〈옥자〉는 돼지와 하마의 유전자가 합쳐 만들어진 생물 '옥자'를 둘러싼 이야기를 다룬다. 영화 속 옥자와 같은 슈퍼돼지가 현실에 존재할까? 비슷한 동물이 있다. 우리나라 연구진과 중국 옌볜대 연구 팀이 유전자를 변형해 탄생시킨 '근육슈퍼돼지'가 그것이다. 이 근육돼지는 일반 돼지에 비해 근육량은 20퍼센트가 많고 지방이 거의 없다.

연구 팀은 어떻게 근육돼지를 만드는 데 성공했을까? 그 비밀은 '크리스퍼 유전자 가위'라는 새로운 생명공학에 있다.

유전자 가위는 말 그대로 유전자를 가위처럼 잘라 편집하는 기술이다. 인간의 세포에는 생물의 유전 정보를 담고 있는 유전체가 있다. 이 유전체 안의 수많은 유전자는 다시 복잡한 구조의 배열인 DNA로 이루어지는데, 이 DNA가 바로 신체의 설계도다. DNA의 염기 서열에 따라 피부색, 키, 혈액형 등 생물체의 특성이 달라진다. 그런데 이 DNA 배열에 변형이 생기면 돌연변이 유전자가 생기고 자손이 유전병에 걸리게 된다. 유전자 가위는 이렇게 생물의 DNA 염기 서열을 파악한 후 인공 효소를 투입해 변형된 DNA를 잘라 내고 정상의 DNA로 바꾸는 기술을 말한다. 옷에 찢어진 부분이 있으면 그 부분을 찾아 가위로 잘라 내고 다시 새로운 천을 덧대어 수선하는 원리와 비슷하다. 크리스퍼 유전자 가위는 유전자를 고치는 재단사의 역할을 하는 셈이다.

　크리스퍼 유전자 가위 이전에도 인간 유전자의 기능과 종류를 밝히고 개인이나 인종 간, 환자와 일반인의 차이를 비교하는 연구와 기술의 발달은 꾸준히 이어져 왔다. 유전 정보의 파악을 통해 유전병을 예방할 수 있기 때문이다. 2012년 미국 캘리포니아 버클리대 연구 팀이 크리스퍼 카스나인(CRISPR/CAS9)이라는 인공 효소로 염기 서열을 잘라 내거나 더하고 다른 염기 서열로 교체하는 방법을 개발했다. 이 크리스퍼 유전자 가위는 편집이 필요한 DNA를 찾아 주는 안내자인 RNA와 표적 DNA를 잘라 내는 절단 효소로 구성되어 있다.

　슈퍼근육돼지 역시 이 유전자 가위 기술을 이용한 것이다. 돼지의 근육 세포 성장을 억제하는 마이오스타틴(MSTN)이라는 유전자에 돌

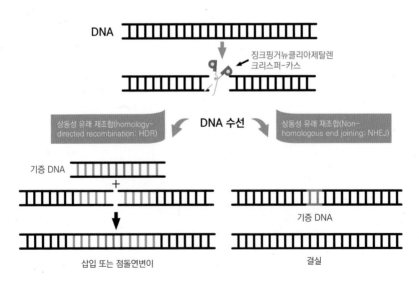

크리스퍼 유전자 가위의 원리

연변이를 일으켜 기능을 할 수 없도록 만들어 지방 대신 근육을 키운 것이다. 보통 돼지보다 고기로 소비되는 근육의 양이 많고 단백질 함량이 높아 식용으로 가치가 크다.

사실 크리스퍼 유전자 가위는 3세대 유전자 가위 기술이다. 이전에도 유전자 가위는 존재했다. 그러나 1세대 유전자 가위 징크핑거(Zinc

TIP ── 빌 게이츠는 왜 생명공학에 주목했을까?

"내가 대학생으로 돌아간다면 인공 지능과 에너지, 생명공학을 공부하고 싶다. … 앞으로 인공 지능과 에너지, 생명공학에 박식한 지식 노동자가 모든 조직을 이끄는 사람이 될 것이다."

2017년 빌 게이츠는 SNS에 이와 같은 글을 남겼다. 글로벌 정보 기술 업체인 마이크로소프트의 창업자가 IT가 아닌 다른 분야, 특히 생명공학이라는 분야를 추천한 것을 의아해 하는 시선도 있었다. 그러나 2020년 코로나-19 바이러스 사태가 벌어지면서 빌 게이츠의 선견지명이 주목받았다.

전염병이 인간의 삶을 대대적으로 바꿀 수 있음을 깨닫게 되면서 사람들은 의료와 생명공학에 관심을 두고 있다. 일차적으로는 바이러스의 예방과 치료제 개발에 힘쓰고 있으나, 길게 보면 바이러스를 탐지해 차단할 수 있는 유전자 편집 기술 도구의 개발에 사람들의 관심이 쏠릴 것으로 보인다. 20세기 후반의 디지털 혁명이 인간의 삶을 크게 바꾼 것처럼, 21세기 전반기를 주도할 기술로 생명공학 혁명을 꼽는 이들도 있다.

빌 게이츠는 2020년 미국의 과학진흥협회 강연에서 재차 생명공학의 중요성을 강조하기도 했다. 그는 크리스퍼 유전자 가위의 등장이 전염병 퇴치의 속도를 높이고, 많은 사람들에게 도움을 줄 것이라고 예언했다. 또한 유전자 편집 기술의 발달이 인류의 질병 퇴치와 불평등 극복에도 도움이 될 것이라고 말했다. 빌 게이츠의 말대로 크리스퍼 유전자 가위가 인류에게 축복이 될지 주목할 시점이다.

Finger)와 2세대 유전자 가위 탈렌(TALEN)은 긴 시간과 비용을 들여야 했고, 바꾸기 원하는 유전자를 찾아내는 정확도가 떨어졌다. 반면 크리스퍼 유전자 가위는 이에 비해 과정이 간단하고 비용이 적게 들며, 정확도도 높다. 내부의 DNA를 바꾸는 것이라 생체 면역 반응에서 안전하고 편집이 자유롭다는 장점이 있다.

이와 같이 여러 가지 장점을 지니고 있는 크리스퍼 유전자 가위는 생명과학계의 슈퍼스타로 떠올랐다. 많은 생명과학 연구자들은 크리스퍼 유전자 가위의 엄청난 장점 때문에 이를 'DNA 혁명'이라 일컫는다. 지금도 세계 각국의 연구실에서 크리스퍼 유전자 가위를 연구하고 있는 이유는 이 때문이다.

▒ 유전자 가위의 능력은 어디까지?

크리스퍼 유전자 가위가 개발된 지 겨우 10년이 되었다. 그러나 이미 다양한 질병의 예방 및 치료 분야에서 이 기술을 활용할 방법을 찾고 있다. 뿐만 아니라 특정 병균에 잘 버틸 수 있는 식물이나 동물의 품종까지 만들어 낼 수 있을 것으로 전망한다.

인류 역사 상 최대의 불치병이라 불리던 후천성면역결핍증(AIDS). 감염되면 면역 기능의 감소로 각종 세균, 바이러스, 기생충 등에 의한 감염이 일어나고, 2차적으로 암이 발병, 결국 사망에 이르는 경우가 많다. 오랜 연구 기간 동안 치료제가 개발되어 사망률은 낮아지고 완치자도 생겼지만 1981년 발견된 이후 전 세계 2천만 명 이상의 사망자를 만들어 온 무서운 병이다.

후천성면역결핍증을 일으키는 원인은 HIV 바이러스다. HIV 바이러스는 면역 세포에 있는 CCR5라는 수용체를 통해 세포 내부에 침입해 면역 시스템을 망가뜨린다. 하버드 대학교 연구 팀은 크리스퍼 유전자 가위를 통해 CCR5를 제거한 조혈 모세포를 이식하여 에이즈 환자를 완치시킨 바 있다. 크리스퍼 유전자 가위 기술의 발달로 에이즈 예방과 완치의 길이 열린 셈이다.

사망률이 높은 암 또한 마찬가지다. 과학 잡지 〈사이언스〉에 의하면 미국 펜실베이니아 의대에서는 60대 암 환자들의 면역 세포를 추출하고 크리스퍼 유전자 가위를 이용해 암세포를 공격하도록 DNA 일부를 바꾼 다음 다시 인체에 주입했다. 해당 환자들이 부작용 없이 최대 9개월까지 생존했다는 연구 결과가 나왔다. 물론 첫 임상 실험에 불과하고 앞으로 가야 할 길이 멀다는 전문가들의 지적도 있지만, 크리스퍼 유전자 가위를 이용한 암 정복의 가능성을 보여 주는 희망적인 소식이었다. 유전자 가위를 이용한 동물 실험에서는 에이즈와 암뿐만 아니라 치매, 당뇨병, 비만 등을 치료하는 데도 성공했다.

크리스퍼 유전자 가위는 불치병이나 난치병의 치료뿐 아니라 예방에도 효과적일 수 있다. 이 기술이 계속 발전하면 파킨슨병, 알츠하이머, 크론병 등 인류에 치명적인 난치성 질환들을 발생 전에 미리 제거하는 일도 가능하다. 이러한 질병의 대부분이 변형된 유전자 때문에 발생하기 때문에, 변형된 유전자를 배아 상태에서 정상 유전자로 바꿔 놓는다면 예방이 가능한 것이다.

영국의 한 연구 팀은 말라리아를 퍼뜨리는 모기의 불임 실험에 성공했다. 생식 능력을 부여하는 특정 유전 물질을 크리스퍼 유전자 가위로 자른 것이다. 말라리아는 매년 수십만 명의 목숨을 앗아 가는 전염병이다. 이 실험은 아직 시작 단계이기는 하지만, 유전자 가위로 인간의 생명을 위협하는 해충을 말살시킬 수 있는 가능성이 확인된 것이다.

암이나 희귀 질환, 에이즈와 전염병의 예방과 치료가 가능한 세상. 크리스퍼 유전자 가위는 새로운 세상을 열 수 있는 새로운 키워드로 주목받고 있다.

 말라리아와 빈곤의 악순환

말라리아는 말라리아균에 감염된 모기에 물려 전염된다. 전 세계 국가에서 1년에 약 2억 건 이상의 말라리아가 새롭게 발병하고 그중 40만 명 이상이 사망한다. 말라리아가 극성을 부리는 곳은 주로 아프리카와 아시아 중 빈곤한 지역이다. 이 지역에서는 사람들이 물이 잘 빠지지 않는 좁은 땅 위에 집을 짓고 산다. 모기장이 설치된 현관문이나 창문이 갖춰지지 않을 가능성이 높다. 이런 주거 환경에서는 모기가 새끼를 잘 낳고 번식할 수 있다. 대부분 깨끗하지 않은 물과 비위생적인 화장실, 열악한 주거 환경이 존재하는 빈곤한 지역에서 말라리아 감염 가능성이 높아지는 것이다. 실제로 전체 말라리아 사망자의 94퍼센트가 사하라 사막 이남의 아프리카에서 발생한다.

경제학자 제프리 삭스(Jeffrey Sachs, 1954~)는 말라리아가 그 사회에 어떤 영향을 미치는지 연구했는데, 말라리아가 발생하면 그 사회의 경제 성장률이 매년 1.3퍼센트씩 낮아진다고 한다. 실제 말라리아로 인해 아프리카 대륙은 매년 120억 달러 규모의 국내총생산(GDP) 손실을 입는다. 빈곤한 지역에 사는 말라리아 감염자들의 경우 적극적으로 치료할 형편이 안 돼서 죽음에 이르고, 이것이 경제 활동에 악영향을 미치면서 경제적 손실이 일어나는 것이다. 빈곤한 지역에 말라리아가 생기고, 이로 인해 또 다시 경제 성장률이 낮아지는 '빈곤의 악순환'이 벌어지는 것이다.

유전자 가위, 동물의 세계도 변화시킬까

1993년 개봉한 영화 〈쥬라기 공원〉은 호박 화석 속 모기에서 공룡의 혈액을 채취해 그 DNA로 공룡을 되살린다는 이야기로 시작한다. 영화를 개봉할 당시에는 상상에 불과한 줄거리였지만 크리스퍼 유전자 가위 기술이 발달하고 있는 현재는 의미심장한 이야기로 들린다. 공룡은 아니지만 유전자 가위 기술을 이용해 오래전 멸망한 종을 되살리는 연구가 진행 중이기 때문이다.

매머드는 4천 년 전 지구상에서 멸종된 포유류다. 인간의 마구잡이식 사냥으로 또는 빙하기가 끝나며 따뜻해진 날씨에 적응하지 못해 사라졌다고 한다. 현재는 화석이나 박물관 모형으로만 확인할 수 있다. 미국 하버드 의대 연구진은 시베리아 얼음 속에서 발견한 털 매머드의 신체 조직으로 유전자 정보를 파악한 후 현재 존재하는 생물 가운데 매머드와 유전적으로 비슷한 아시아 코끼리 유전체 안에 끼워 넣는 실험을 진행 중이다. 매머드의 핵심 특징을 가진 배아를 만들어 인공 자궁에 이식해 키우는 방식으로 매머드와 유전적으로 유사한 동물을 만들겠다는 것이다. 매머드와 코끼리 유전자로 이루어졌다는 의미로 '매머펀트'라고 한다. 19세기 초 북미에서 멸종된 나그네비둘기 또한 비슷한 방식으로 복원을 시도하고 있다.

두 멸종 동물의 복원은 지구 생태계를 살리는 데 도움을 줄 수 있다. 매머드는 배설물을 통해 식물 씨앗을 퍼뜨려 북극 지역에 초원을 만드는 중요한 역할을 하고 있었다. 만약 매머드와 비슷한 동물을 복원한다면 툰드라 지대의 생태계를 살릴 수 있을 것이다. 나그네비둘기

크리스퍼 유전자 가위 기술을 통해 과학자들이 복원을 시도하고 있는 매머드(왼쪽)와 나그네비둘기

역시 북아메리카의 숲을 조성하는 데 큰 역할을 하는 생물이었다. 이 새가 멸종되면서 북아메리카의 숲이 많이 사라졌다. 과학자들은 매머드나 나그네비둘기의 복원으로 사라졌던 초원이나 숲을 되살릴 수 있을 것으로 예상한다.

반면 매머드 복원에 반대하는 의견도 존재한다. 멸종된 동물을 복원함으로써 오히려 생태계 교란을 불러올 수 있다는 것이다. 복원한 동물에 돌연변이가 나타나거나 예상치 못한 바이러스가 있어 오히려 생태계에 악영향을 끼칠 수 있으며, 복원이 되어도 대부분 야생으로 가지 못하고 철창에 갇혀 보호 시설에서 살아갈 것이라는 의견도 있다.

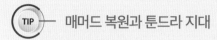

TIP — 매머드 복원과 툰드라 지대

툰드라는 이끼류와 작은 풀·나무 외에는 식물이 거의 자라지 않는 지역이다.

툰드라는 주로 시베리아 등 고위도의 한대 기후 지역이다. 툰드라의 가장 아래쪽에는 1년 내내 녹지 않는 영구 동토가 있다. 이곳은 가장 따뜻한 달의 평균 기온이 10℃를 넘지 않는다. 기온이 영하인 달이 6개월 이상 계속되어 지표면이나 토양층까지 얼어 있는 데다 강수량이 적어 나무가 제대로 자라지 못한다. 다만, 2~3개월의 짧은 여름 동안에는 기온이 영상이 되어 이끼나 키 작은 나무 등이 자란다.

최근에는 지구 온난화로 인해 영구 동토층이 녹으면서 엄청난 양의 이산화탄소와 메탄이 방출되고 있다. 지금과 같은 추세로는 영구 동토층에서 2040년까지 약 630억 톤, 2100년까지 3,800억 톤의 이산화탄소가 배출될 것으로 예상한다.

매머드 복원에 성공한다면 매머드가 풀을 밟고 뜯어 먹는 과정에서 주변 환경이 살아날 가능성이 있다. 또한 시베리아의 먹이 사슬을 되살려 생태계를 살리는 데 큰 도움이 될 것이라는 의견이 있다.

3. 유전자 편집 기술과 생명 윤리

░ 영화 〈가타카〉 속 디스토피아는 현실이 될까

1997년 영화 〈가타카〉는 21세기의 미래를 그린 영화다. 영화 속 미래에서 상류층은 우수한 유전자를 가진 아이를 갖기 위하여 열성 인자를 제거하고 인공 수정을 통해 아이를 낳는다. 유전자 조작으로 태어난 아이들은 사회의 지도층이 되어 살아가고, 전통적인 부부관계에서 자연 분만으로 태어난 아이들은 열등한 인간으로 취급받는 철저한 계급 사회가 형성된다. 주인공 빈센트는 부모의 사랑으로 태어난 아이이지만 출생 순간부터 운명이 결정되어 있었다. 선천적으로 심장이 약했고 우울증, 집중력 장애 위험성이 있으며 30살까지밖에 살 수

인간의 유전자가 계급을 결정하는 사회가 올까?

없다는 판정을 받게 된다.

유전공학의 발달은 질병을 유발하는 유전자를 제거한 우수한 아이를 낳을 수 있는 가능성을 제시한다. 그러나 열성 인자를 모두 제거한 맞춤형 아기를 낳고, 유전자의 차이로 인간의 신분과 계급이 결정되는 영화 속 세상은 우울해 보이기도 한다.

2017년 11월 〈가타카〉의 줄거리를 떠오르게 하는 사건이 발생했다. 중국의 생명공학자 허젠쿠이(賀建奎, 1984~) 박사는 크리스퍼 유전자 가위 기술을 활용해 유전자를 조작한 체외 수정 배아를 산모에게 착상시켜 쌍둥이를 만들었다. 그의 연구는 인간의 수정란을 연구 대상으로 삼았다는 점에서 큰 반향을 불러일으켰다. 세계 최초로 '맞춤형 아기'를 탄생시켰기 때문이다.

맞춤형 아기란 희귀 질환을 앓는 자녀를 치료하는 데 이용할 줄기세포를 얻기 위해 시험관 수정 기술로 질환 자녀의 세포 조직과 완전히 일치하는 특정 배아를 가려내 질병 유전자가 없는 정상적인 배아만 골라 탄생시킨 아이다. 인공 수정 기술과 유전자 감별을 통해 특정한 유전적 특질을 가진 배아만 선별하는 것이 가능해서 원하는 지능, 체력, 체격, 피부색을 가진 아이를 만들 수 있다.

이러한 유전자 가위 기술의 발달에 우려를 나타내는 목소리도 크다. 생명 윤리 논란이 가장 먼저 대두되고 있다. 착상되기 전 인간의 배아에 유전자 가위를 사용하여 인간의 입맛대로 아이를 '만들어' 낸다는 것은 정당한 일일까?

인간의 생명은 공산품이 아니라는 점에서 맞춤형 아기는 위험성을 가진다. 게다가 착상 전 배아를 대상으로 유전자를 의도적으로 수정하는 것은 철학적 논란까지 불러일으킬 수 있다. 인간 배아를 생명으로 간주한다면, 배아의 초기 단계에서부터 유전자를 검사하고 문제를 가진 부분을 편집하는 것은 한 생명의 운명을 의도적으로 바꾸는 일로 해석할 수 있다. 이는 인간이 가진 고유한 존엄성을 침해할 수 있는 문제다.

안전성의 문제도 제기된다. 크리스퍼 유전자 가위의 실험에 따른 부작용의 가능성 역시 제기되고 있다. 유전자 편집으로 인해 오히려 암의 위험도가 높아지거나 예상하지 못한 DNA 변이를 유발할 수 있기 때문이다. 뿐만 아니라 인체 면역 염증을 불러일으킬 수 있다는 연

 TIP — 생명공학과 생명 윤리, 그리고 문화 지체

생명공학의 발달에 따라 '인간의 생명'을 둘러싼 논란 또한 끊이지 않고 제기되고 있다. 기술의 발달은 빠르게 이루어지는 데 반해 이를 뒷받침할 만한 생명 윤리 지침이 마련되어 있지 않기 때문이다.

이것은 '문화 지체(cultural lag)' 현상을 떠올리게 한다. 문화 지체는 미국 사회학자 윌리엄 오그번(William Fielding Ogburne)이 제기한 개념으로, 급속하게 발전하는 기술 발달의 속도에 비해 문화의 발달 속도가 느린 현상을 말한다. 유전자 가위의 기술로 생명공학 기술은 빠르게 발전 중이지만, 인간 배아 연구 등에 관한 명확한 생명 윤리 지침이 마련되어 있지 않고 관련법이나 제도의 마련 또한 미비한 상황이다. 이 역시 문화 지체 현상의 한 예라고 할 수 있다.

문화 지체 현상은 사회의 다양한 분야에서 찾아볼 수 있다. 온라인 환경의 발전에 비해 네티즌들의 의식이 부족해 악성 댓글이 기승을 부리는 현상, 차량의 증가에 비해 교통 질서 의식이나 건전한 교통 문화 정착이 뒤처지는 등의 현상도 문화 지체에 해당한다.

구 결과도 나왔다. 유전자 가위가 표적 지점이 아닌 엉뚱한 곳을 절단하여 유전자에 문제가 생기거나, 정확하게 DNA의 표적 지점을 찾아 절단한다 해도 절단 지점 부근에서 예상치 못한 변이들이 발생할 가능성도 있다.

크리스퍼 유전자 가위 기술은 생명공학의 눈부신 발전을 불러올 것으로 예상된다. 그렇지만 이 기술의 발달에 따른 생명 윤리와 안전성 논란 또한 멈추지 않을 것이다.

맞춤형 아기는 새로운 계급 사회를 불러올까

맞춤형 아기의 가능성은 새로운 사회 탄생의 가능성을 예고한다. 가령 부유층은 특정 유전자나 능력을 우생학적으로 강화하고 개량할 목적으로 배아의 초기 단계에서 유전자를 편집하여 우성 형질을 가진 맞춤형 아기를 만들 가능성이 있다. 많은 비용을 들여 유전자를 개량할 수 있는 부와 능력을 지닌 사람들과 그렇지 못한 사람들 사이에 '유전자 격차'가 심각해질 가능성도 있다. 우수한 유전자를 편집하여 태어난 사람들이 사회의 상층 계급이 되어 그렇지 않은 사람들을 지배하는 새로운 계급 사회도 상상 가능하다. 영화 〈가타카〉 속의 철저한 계급 사회가 현실이 될 수도 있다는 이야기다.

크리스퍼 유전자 가위 기술의 발달에서 우생학의 위험성을 떠올리는 사람들도 있다. 우생학은 영국의 인류학자 프랜시스 골턴(Francis Galton, 1822~1911)이 본격적으로 발전시킨 학문으로, 우수한 유전자를 보존하고 열등한 유전자를 제거해야 한다고 주장한다. 독일의 나

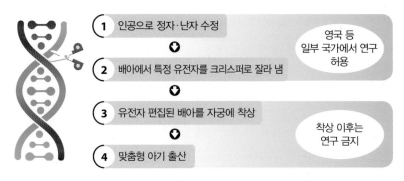

1 인공으로 정자·난자 수정

↓

2 배아에서 특정 유전자를 크리스퍼로 잘라 냄

↓

3 유전자 편집된 배아를 자궁에 착상

↓

4 맞춤형 아기 출산

영국 등 일부 국가에서 연구 허용

착상 이후는 연구 금지

유전자 편집을 통한 맞춤형 아기 개념도

치는 우생학을 근거로 장애인을 탄압하였고, 유대인, 흑인, 동성 연애자들을 몰살하였다. 미국에서는 우생학의 이론에 따라 1970년대까지 사회적 약자들을 강제로 불임시키기 위해 격리하는 일이 벌어지기도 했다. 우생학이 사회적 약자들에 대한 편견을 불러일으키고 사회적 차별을 정당화하는 근거로 사용된 것이다.

우생학이 일으킨 비극은 현재의 우리에게 커다란 교훈을 준다. 유전자 편집 기술이 질병을 치료한다는 목적 외에 우생학과 같이 편견과 차별, 계급 차이를 강화하는 데 악용될 가능성이 있다는 사실이다. 유전자 간 우열을 가려 우성 유전자를 지닌 사람에게 더 많은 기회를 줌으로써 차별과 불평등이 생길 수 있다. 〈가타카〉의 주인공 빈센트와 같이 우주 비행사를 꿈꾸지만 유전자의 열등함 때문에 기회가 가로막히는 일이 현실이 될 수도 있는 것이다. 크리스퍼 유전자 가위 기술이 불러올 수 있는 생명 윤리 문제뿐만 아니라 사회적 위험도 생각해 볼 시점이다.

TIP ── 『멋진 신세계』와 유전자 사회

19세기 소설가 올더스 헉슬리(Aldous Leonard Huxley, 1894~1963)는 『멋진 신세계』에서 우울한 미래 사회의 모습을 그렸다. 소설 속 신세계에서는 계획경제로 인구가 조절되며 인간은 자연 출산이 아닌 실험실의 배양 병에서 태어난다. 태어날 때부터 이들은 계급이 정해지고 계급에 적응할 수 있는 능력까지 유전공학으로 조절되어 있다. 이 사회는 사회 지도층이 되는 알파 계급부터, 단순 노동을 맡기 위해 고의로 지적 장애를 유발해 만들어지는 엡실론 계층까지 정해진 몇 가지 계층으로 나뉜다. 인간은 자신의 계급에 맞는 세뇌 수준의 교육을 받고 그 사회의 부품으로 전락해 있다.

미국의 철학자이자 정치경제학자 프랜시스 후쿠야마(Francis Fukuyama, 1952~)는 『부자의 유전자, 가난한 자의 유전자』에서 '멋진 신세계'가 앞으로 현실이 될 수 있다고 예언하였다. 과학 기술의 발달로 부자는 태어날 아기의 머리와 눈의 색깔, 재능까지도 맞춤 아기로 유전자를 선택해 출산할 수 있게 된다. 경제력으로 유전자를 살 수 있다는 이야기다. 반면 가난한 사람들은 경제적 능력의 부족으로 자연 출산을 할 수밖에 없다. 『멋진 신세계』나 <가타카>에서처럼 유전자를 기준으로 계급이 나뉘는 사회가 출현할 수도 있는 것이다.

인간 배아 연구를 둘러싼 논란

배아(embryo)는 수정 후 약 2주부터 8주까지 태아로 성장하기 직전의 단계이다. 수정 후 24시간 이내에 원시선이 나타나고 세포 분열을 계속하여 100~200개 정도의 세포로 형성된다. 14일이 지나면 배아의 세포들이 신체 기관으로 자라나기 시작한다.

배아 전 단계인 정자는 보통 생명이라고 부르지는 않는다. 그렇다면 배아는 어떨까? 배아를 하나의 생명으로 보고 인간으로서의 도덕적 지위를 지닌다고 할 수 있을까?

최근 들어 이 문제는 중요한 이슈가 되고 있다. 배아를 이용한 줄기 세포 연구나 유전자 가위 기술이 사회의 중요한 화두로 떠올랐기 때문이다. 배아를 생명으로 취급한다면, 배아를 이용한 연구는 인간을 대상으로 하는 일이 되어 신중하게 다루어야 한다.

배아를 생명체로 간주해야 하는가에 대해서는 크게 세 가지 관점이 있다.

첫 번째는 자궁에 착상되기 전 인간 배아는 단순한 세포 덩어리에 불과하다는 입장이다. 이러한 입장에서 수정은 명확히 한순간에 이루어지는 것이 아니라 24시간에 걸쳐 천천히 이루어지기 때문에 배아를 생명의 정확한 탄생 시점으로 잡기는 어렵다. 이후 세포 단계에 머물게 되는 배아 역시 인간이 될 확률이 그다지 높지 않다. 난자의 수정 이후 배아는 60~70퍼센트가 자연 유산으로 사라지기 때문이다. 따라서 배아가 후에 인간이 될 확률이 있다는 사실만으로 인간과 같은 지위를 지닌다고 보기 어려우며, 배아를 이용한 연구에도 큰 문제가 없다는 관점이다.

두 번째는 배아에 인간으로서의 지위를 인정해야 한다는 입장이다. 이 입장에서 배아는 인간의 유전 정보를 가진 생명체라는 그 사실 자체만으로 도덕적 지위를 가질 수 있다. 인간은 수많은 과정을 통해 변화한다. 아기로 태어나 성숙해 유년 시절을 거치고 청소년기를 거쳐 성인이 될 때까지 그 과정은 단절적이지 않고 연속적이다. 이런 관점에서 보면 배아는 단순한 생명체라기보다 인간이 되어 가는 시작점의 단계에 있으며 인권을 보호받아야 한다. 따라서 배아를 이용한 줄기세포 연구는 신중할 필요가 있다. 연구에 따라 태어날 인간을 살해하거나 신체에 위협을 가하는 것과 비슷한 일이 벌어질 수 있기 때문이다.

마지막 입장은 인간 배아를 잠재적 인간 존재로서 특수한 지위로 바라보는 입장이다. 인간 배아는 커 가면서 점차 도덕적 지위를 얻게 된다는 것이다. 잠재적으로 인간이 될 수 있을지 알 수 없는 배아를 보호하는 것보다, 인간의 질병을 예방하고 치료함으로써 얻는 이익이 상대적으로 더 중요할 수 있다. 이렇게 보면 배아의 줄기세포 연구는 상황에 따라 받아들일 만한 것이나.

우리나라는 2010년 헌법재판소에서 배아는 기본권을 인정할 수 있는 존재가 아니며 인간 배아를 연구 목적으로 사용할 수 있도록 한 생명 윤리법 조항도 합헌이라는 결정을 내렸다. 헌법재판소에서는 "수정 후 14일이 지나 원시선이 나타나기 전 수정란 상태의 배아는 기본권 주체가 되지 않는다"라는 의견을 내놓았다.

이처럼 우리나라에서는 배아 연구를 원칙적으로 허용하지만 실험에 대한 규제는 엄격한 편이다. 생명 윤리법에 따르면 기본적으로 배아 연구는 인정이 되지만, 임신 외의 목적으로 배아를 생성하는 것은 금지한다. 배아 생성에 이용되고 남은 잔여 배아를 연구 목적으로 이용할 수 있지만 이 경우에도 난자와 정자 기증자에게 서면 동의를 받아야 한다. 우리나라처럼 유전자 교정을 비롯한 인간 배아 연구를 법으로 규제하는 나라는 영국, 독일, 오스트리아 등 21개국이 있다.

그러나 최근에는 유전자 가위 기술의 발달로 인간 배아 연구를 둘러싼 규제 논의가 전 세계에서 활발하게 이루어지고 있다. 영국에는 인간 배아 연구에 대한 법적 규제가 있기는 하지만 관련 논의가 구체적으로 이루어졌다. 인간 배아 연구를 통해 발생할 수 있는 윤리적 문제나 구체적으로 금지되는 행위를 논의하고 연구 목적과 기술, 실험 단위별로 정해진 규정에 따라 오랫동안 심사를 한다. 또한 인간 배아와 관련된 정책을 담당하는 인간 수정 및 배아관리청(HFEA)을 중심으로 윤리적인 전문 관리 감독 체계를 갖추고 있다. 영국은 유전자 교정이나 줄기세포 등 인간 배아 연구를 할 수는 있으나 그만큼 규정이 까다롭고 구체적이다. 윤리적 안전장치를 제도적으로 충분히 마련한 후 연구를 허가하는 것이다.

인간 배아 연구를 무조건 막거나 완전히 허용하는 것은 모두 부작용을 낳을 수 있다. 유전자 가위 기술이 발전하는 만큼 인간 배아 연구를 도외시하기 어려운 시대다. 반면 인간 배아 연구에 대한 규제를 느슨하게 하면 생명 윤리에 관련된 논란이 뒤따를 수밖에 없다. 각 실험의 목적과 방식, 기술 등을 구체적으로 따져 규제와 안전 장치를 만들 필요가 있다. 영국과 같이 인간 배아 연구를 담당하는 정부 기관을 마련하는 것도 한 방법이다. 우리나라에서도 인간 배아 연구에 관련된 구체적인 논의와 규정이 마련되어야 할 시점이다.

출생과 죽음 사이, 생명 윤리의 쟁점들

생명은 출생부터 죽음까지 사이의 시기를 말한다. 생명의 시작과 끝에 관련된 생명 윤리 논쟁은 결국 출생과 죽음의 문제를 다루는 경우가 많다. 가령 어떤 기준으로 출생과 죽음을 보는지, 개인의 자율적인 선택권과 생명의 존엄성 중 무엇이 먼저인지가 주요 쟁점이 된다.

낙태(인공 임신 중절)를 예로 들어 보자. 태아의 생명권을 우선 보호하자는 입장에서는 임신 중절을 반대한다. 태아 역시 하나의 생명이기에 무고한 인간의 신성불가침한 생명을 해쳐서는 안 된다는 것이다. 반면, 임신 중절을 찬성하는 입장에서는 여성의 선택권과 자율권이 중요하다고 주장한다.

죽음의 문제와 관련해서는 안락사가 대표적인 생명 윤리 쟁점에 해당한다. 안락사에 찬성하는 입장에서는 불치병으로 고통 받는 환자의 자율성과 삶의 질을 중시해야 하며, 환자와 그 가족들의 심리적, 경제적 부담을 감안하여 경우에 따라 안락사를 허용해야 한다고 이야기한다. 반면, 안락사에 반대하는 입장에서는 인간의 존엄한 생명에 함부로 손대어서는 안 되며, 인간이 죽음을 인위적으로 선택하는 것이 옳지 않다고 주장한다.

인공 지능과 함께 살아가기

AI(인공 지능)는 인간의 지능이 할 수 있는 사고·학습·모방 등을 컴퓨터가 할 수 있도록 연구하는 컴퓨터공학 및 정보 통신 기술 분야이다. 예를 들어 자율 주행 자동차(무인 자동차)는 AI가 수많은 데이터를 처리하여 인간이 운전을 하지 않아도 자동으로 주행할 수 있는 자동차이다.

AI는 인간에게 친구일까 적일까? AI가 발전하면서 어떤 일자리가 사라지고, 어떤 일자리가 증가할까?

1. 일상생활에서 만나는 AI

⁝⁝⁝ AI, 그것이 알고 싶다

여기저기에서 인공 지능, AI 이야기를 하고 있다. AI가 이끄는 4차 산업혁명을 이야기하는가 하면, 앞으로 AI로 인해 우리 생활이 많이 바뀔 것이라고 전문가들은 이야기한다. 과연 AI란 무엇일까? 우리 생활에 AI는 어느 정도 가까이 다가왔을까?

AI(artificial intelligence)의 정의는 다양하지만 일반적으로 컴퓨터가 인간의 지능 활동을 모방하는 것을 의미한다. 인간의 지능이 할 수 있는 사고·학습·모방 등을 컴퓨터가 할 수 있도록 연구하는 컴퓨터공학 및 정보 통신 기술 분야를 말한다.

인공 지능은 1959년 메사추세츠 공과대학(MIT) AI 연구소를 설립한 존 맥카시(John McCarthy, 1927~2011)와 마빈 민스키(Marvin Lee Minsky, 1927~2016), 카네기멜론 대학에 인공 지능 연구소를 만든 앨런

뉴얼(Allen Newell, 1927~1992)과 허버트 사이먼(Herbert Alexander Simon, 1916~2001)과 같은 개척자들에 의해 1950년 실험 학문으로 시작되었다. 초기 인공 지능은 게임, 바둑 등의 분야에 사용되는 정도였지만, 실생활에 응용되기 시작하면서 지능형 로봇 등 활용 분야가 비약적으로 확대되었다.

신경망, 퍼지 이론, 패턴 인식, 전문가 시스템, 자연어 인식, 이미지 처리, 컴퓨터 시각, 로봇 공학 등 다양한 분야가 인공 지능의 일부분을 이루고 있다. 최근 인공 지능은 그 자체만으로 존재하는 것이 아니라 컴퓨터 과학의 다른 분야와 직접·산섭직으로 많은 관련을 맺고 있다. 특히 현대에는 정보 기술의 다양한 분야에서 인공 지능적 요소를 도입해 그 분야의 문제 해결에 활용하려는 시도가 활발히 이루어지고 있다.

인공 지능 스피커와 스마트 홈(IoT)

우리의 일상생활 깊숙이 들어온 인공 지능에는 어떤 게 있을까? 가장 대표적인 것이 인공 지능 스피커이다. 인공 지능 스피커는 단순한 스피커 기능을 넘어서 음악 감상, 음성 인식, 음성 검색, 음성 번역, 음성 비서, 교육 등의 기능을 제공한다. 기술이 발전하면서 모든 가전 제품을 제어하는 통합 기능의 제품도 개발되고 있다.

인공 지능 스피커는 우리의 음성을 알아듣고 가장 적절한 결과를 알려 준다. 자연어(사람들이 일상생활에서 쓰는 언어로, 인공적으로 만들어진 언어인 인공어와 구별됨)를 이해하는 AI 스피커는 기존의 컴퓨터와 달리

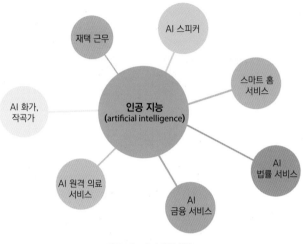

인공 지능의 다양한 활용

인간들과 상호 작용을 한다. 기술의 발전에 따라 사람과의 상호 작용 결과를 계속 학습하여 좀 더 정교한 인공 지능으로 진화하는 것이다.

인공 지능 스피커를 이용해 각종 주문을 하고, 최신 뉴스를 확인하거나 다양한 검색을 할 수 있기 때문에 많은 사람들이 찾고 있다. 아마존, 구글, 애플 등 글로벌 IT 기업이 이 시장에 뛰어들었다. 국내에서는 SK텔레콤, KT, 네이버, 삼성전자 등도 AI 스피커를 출시하고 있다. 기업들이 만든 AI 스피커는 인공 지능 알고리즘을 이용해 사용자와 음성으로 의사 소통을 한다.

AI 스피커를 이용하면 음성 인식을 통해 집안의 기기를 목소리만으로 간편하게 제어하는 식으로 손쉽게 스마트 홈 환경을 구축할 수 있다. 손가락 기반 조작과 달리 음성 기반 조작은 쉽게 배우고 사용할 수 있다. 우리가 스마트폰에서 '시리'나 'S보이스' 등을 이용해 기기를 제어하는 게 낯설지 않은 것처럼 음성 인식 기반 UI(사용자 조작 화면) 플랫폼은 우리 생활 가까이에 들어와 있다.

인공 지능이 잘하는 일 중 하나는 일정한 형태나 반복되는 행동들을 분석하는 것이다. AI는 이것을 정리하고 학습하여 실행할 수 있다. 대표적인 사례가 스마트 홈이다. 스마트 홈은 가전 제품이나 보안 기기 등을 통신망으로 연결해 모니터링하거나 제어할 수 있는 기술이다. 스마트폰이나 인공 지능 스피커가 사용자의 음성을 인식해 집안의 사물 인터넷(internet of things, IoT. 세상에 존재하는 유형 혹은 무형의 객체들이 다양한 방식으로 서로 연결되어 개별 객체들이 제공하지 못했던 새로운 서비스를 제공하는 것) 기기를 연결해서 자동으로 작동하게 하거나 원격으로 조종할 수 있다.

인공 지능 에어컨은 적절한 온도를 설정하면 스스로 작동하며, 인공 지능 로봇 청소기는 청소해야 할 곳을 분석하여 청소를 한다. 냉장고, 공기 청정기에도 인공 지능 기술을 활용하여 주변 환경을 스스로 인식하여 판단하고 상황에 맞게 기계를 조작할 수 있다. 뿐만 아니라 실내 미세먼지 농도를 자동으로 측정해 오염된 공기를 정화하고, 인공 지능 냉장고는 내부 음식이나 식재료를 파악해 부족한 것을 알려 주고 스스로 주문할 수도 있다. 현관문에서는 비밀번호를 누르거나 카드를 대지 않고도 얼굴을 인식하여 출입문을 열기도 한다.

이처럼 인공 지능은 사물 인터넷과 결합하여 우리의 일상 공간인 집을 편리하게 바꿔 주고 있다. 코로나바이러스감염증-19에 따른 재택근무와 원격 교육의 확산은 스마트 홈, 사물 인터넷 서비스 등과 함께 AI의 일상화를 빠르게 만들고 있다.

⁞⁞⁞⁞ 챗봇, 법률 서비스, AI 그림 서비스

어느새 AI를 통한 서비스가 보편화되고 있다. 쉽게 만날 수 있는 AI 서비스는 '챗봇'을 통한 금융 서비스이다. 국내외 은행들이 디지털 경쟁력 강화에 집중하면서 인공 지능 챗봇(가상 은행원 포함) 활용을 고도화하고 있다. 모바일 뱅킹 상담에 적극 활용됐던 AI 챗봇은 가상 은행원 형식으로 은행 영업점에 본격 배치돼 이제까지 사람이 해 온 단순 업무들을 대신 처리하고 있다. 그에 따라 현재 은행에서는 AI 직원이 디지털 데스크에서 번호표 확인, 신분증 확인 등의 단순 안내 서비스를 제공하고 있다. 은행 지점들은 점점 더 줄어들고, 지점에서 근무하는 은행 직원들보다 본점에서 AI 서비스 등을 개발하는 직원들이 증가하는 추세이다.

법률 분야의 AI는 여러 판결문을 확보하고 자연어를 학습하여 빠른 검색을 진행한다. 그리고 쉬운 용어로 번역하여 일반인들이 법률 데이터에 쉽게 접속할 수 있도록 한다. 기업들은 수임료가 비싼 로펌과 변호사에게 의뢰하기 전 이런 서비스를 통해 문제를 해결할 수 있다. 법률 분야의 AI는 24시간 정보를 제공해 준다는 것이 가장 큰 장점이라 할 수 있다. 기존에는 법원 사이트에 들어가서 수수료를 주고 판례를 검색해야만 했다. 법률 용어가 어려워 원하는 판례를 찾기도 쉽지 않았을 뿐만 아니라 원하는 판례가 나올 때까지 수수료를 지불해야 하는 경제적 부담도 있었다. 법률 분야의 AI는 수많은 판례들을 쉬운 용어로 제시하고 맞춤식 해결안도 함께 제시할 것으로 전망한다. 또한 계약 등에서도 수많은 사례들을 맞춤식으로 제시할 것이다. 앞으로 이 분야에서 빠른 발전이 이루어질 것으로 예상된다.

창의성을 요구하는 예술 분야에도 빠르게 AI 서비스가 도입되고 있다. AI와 함께 협업하는 미술 작가들도 등장하고 있다. 간단한 단어만 입력하면 그에 맞는 실사 이미지를 만들어 주는 인공 지능 그림 도구도 많아지고 있다. 음악 분야에서도 AI 작곡가가 늘어나는 등 AI의 진출이 활발해졌다.

엔비디아는 AI 페인팅 툴인 '고갱2(GauGAN2)'를 공개했다. 고갱2는 엔비디아가 2019년 내놓은 '고갱'을 업그레이드한 것이다. 고갱은 사용자가 간단한 스케치를 하면 이를 실사 이미지로 바꿔 준다. 연못과 나무를 그렸다면 연못에 비친 나무 그림자까지 재현해 주는 기능이 있다. 2021년에는 단어를 이미지화하는 기능까지 추가됐다. 가령 '해변의 노을'이라는 단어를 입력하면 거기에 어울리는 실사 이미지를 만드는 것이다. '바위가 있는 해변의 노을' 등으로 단어를 추가하면 이미지를 수정해 주기도 한다.

앞으로 AI 서비스의 발전은 어떤 분야에서 얼마나 더 빠르게 진행될까?

AI 기술의 종합, 자율 주행 자동차

자율 주행 자동차(무인 자동차)는 인간이 운전을 하지 않아도 자동으로 주행할 수 있는 자동차이다. 영화 속에서나 가능하다고 믿었던 이 자동차가 어느새 우리 앞에 다가왔다.

자율 주행 자동차는 라이다(light detection and ranging, LIDAR), 위성

항법 장치(GPS), 카메라로 주위의 환경을 인식하여, 목적지를 지정하면 자율적으로 주행한다. 여러 기술을 통합하여 무인 운전을 가능하게 하는 것이 바로 AI이다. AI가 수많은 데이터를 처리하여 도로 상황에 맞게 무인 운전을 가능하게 하는 것이다.

자율 주행 자동차는 어디까지 개발되었을까? 테슬라의 일론 머스크 회장은 "2022년 전후로 5단계 자율 주행 기본 기능을 갖게 될 것"이라고 밝혔다. 김필수 대림대 교수는 "5단계 자율 주행은 전문가들도 꿈으로 남겨 놓고 4단계 기술에 집중하는 상황"이라며 "5단계를 운운하는 건 허풍이 분명하지만, 테슬라가 다른 기업보다 자율 주행 기술이 우위에 있는 것 또한 사실"이라고 말했다.

기존의 자동차 분야와 테슬라와 같은 전기차 분야, 구글과 애플과 같은 IT 분야의 자율 주행 경쟁이 심화되고 있다. 예를 들어 뒤늦게 뛰어든 미국의 포드 자동차는 중간 개발 단계를 생략하고 2022년까지 완전 자율 주행차를 선보인다는 계획이다. 구글은 2009년 자율 주행차 개발에 착수한 이후 최장 시범 운행 거리 기록을 보유 중이다. 일찍 시작한 만큼 궁극점인 레벨 5에도 2022~2023년까지 도달한다는 목표를 세워 놓고 있다. 애플 또한 '애플 카' 프로젝트를 중심으로 애플 소프트웨어 생태계와 연계된 자율 주행 자동차에 큰 투자를 하고 있다.

자율 주행 자동차는 어떤 장점이 있어 수많은 글로벌 기업들이 개발에 뛰어들고 있을까? 자율 주행 자동차의 가장 큰 강점은 주행 속도와 교통 관리 자료가 일치하기 때문에 조절 장치를 더욱 고르게 한다는 것이다. 반복 정지를 피해 연료 효율에 도움을 줄 수 있다. 그

자율 주행 자동차 6단계 분류

레벨 0: 운전자가 모든 판단을 하고 주행에 관련된 물리적 행동을 한다.

레벨 1: 차량이 가속·감속 조작을 담당하며, 운전자는 조향을 담당한다.

레벨 2: 첨단 운전자 보조 시스템(ADAS)으로 차로 유지 기능은 있지만, 운전자가 핸들을 잡아야 한다. 2021년 현재 도로에는 2단계 자율 주행에 해당하는 스마트 크루즈 컨트롤과 차선 유지 보조 기능이 들어간 자동차들이 운행하고 있다. 운전대를 잡지 않으면 경고음이 울리며 수동으로 전환된다.

레벨 3: 운전의 주체가 사람에서 컴퓨터로 바뀐다. 제한된 구간에서 운전자와 자율 주행 시스템(ADS) 사이에 제어권 전환이 수시로 이루어진다.

레벨 4: 완전한 자율 주행차. 위험할 때는 사람이 수동 조작해야 한다. 주행 중 운전자가 잠을 자거나 자리를 뜰 수 있는 수준이다. 2020년 기준으로 해외에서도 완전 자율 주행 단계인 레벨4 이후의 보험 문제에 대해서는 아직 논의가 이어지고 있다.

레벨 5: 위험 상황에서조차 사람의 개입이 필요없다.

리고 노인, 아동, 장애인 등 운전을 할 수 없는 사람들도 이용이 가능하다. 장시간 운전으로 인한 피로를 해결해 줄 뿐만 아니라 교통사고의 위험 또한 크게 줄일 수 있다. 도로의 교통 흐름이 빨라지고 혼잡을 줄일 수 있으며 기업의 생산성이 높아질 수 있다.

자율 주행 자동차가 확산되면 어떤 문제들이 발생할까? 도로 위에 주행하고 있는 차들 중 80퍼센트 이상이 무인 자동차이고, 이들이 모두 자율 주행을 하는 상황에서 사고가 난다면 누구에게 책임을 물어야 할까? 현재까지는 법적으로 정해져 있는 사항이 없다. GPS 기반으로 주행하지만 인터넷 접속이 가능해진다면 해킹 또한 가능해져 해커들이 마음대로 조종할 수 있다는 위험이 있다. AI는 사고 발생을 예측할 때 어떤 판단을 내리게 될까? 자율 주행 자동차가 확산되면서 윤리적인 문제와 법적 문제 또한 우리에게 점점 다가오고 있다.

AI의 발전, 어디까지 가능할까

2018년 1월 30일 핸슨 로보틱스가 개발한 인공 지능 로봇 '소피아'가 한국에 왔다. 한복을 곱게 차려입은 소피아는 사람들 앞에서 다양한 대화를 나눴다. "한복이 잘 어울리는 것 같아요. 저와 비교해 누가 더 예쁜 것 같아요?"라는 농담 식의 질문에 대해 소피아는 "감사합니다. 한복이 마음에 들어요"라고 하면서 "로봇은 사람을 놓고 누가 더 예쁘다고 얘기해야 한다고 생각하지 않습니다. 인간은 비교 대상이 돼서는 안 되기 때문입니다"라고 해서 많은 사람들을 놀라게 했다.

소피아는 영화 배우 오드리 햅번을 닮은 인공 지능 로봇이다. 2017년 홍콩에 본사를 둔 핸슨 로보틱스가 개발한 휴머노이드 로봇으로, 60여 가지 감정을 얼굴로 표현하며 대화를 할 수 있다. 로봇으로는 최초로 사우디아라비아에서 시민권을 발급받았고, 유엔 경제사회이사회(ECOSOC)에 패널로 등장해 화제를 모으기도 했다.

소피아는 어떻게 인간들과 자연스럽게 대화를 나눌 수 있을까? 그녀의 피부는 피부와 흡사한 질감의 '플러버(frubber)' 소재로, 눈썹을 찌푸리거나 눈을 깜빡이는 등 다양한 표정을 자유자재로 구사할 수 있다. 눈에는 3D 센서가 달려 사람들을 인식하고, 말하는 사람을 따라 고개를 돌리며 의사 소통을 한다.

AI 로봇

　소피아의 대화 기술이 향상되는 이유는 딥 러닝(deep learning)이 적용되었기 때문이다. 딥 러닝은 컴퓨터가 여러 가지 데이터(정보)를 이용해 스스로 인간처럼 학습하는 기술이다. 컴퓨터는 데이터가 많을수록 학습할 수 있는 정보와 내용이 많아져 점점 더 똑똑해진다. 소피아는 이미 많은 질문과 대답을 학습하고 있다. 많은 전문가들에 의하면 가까운 시일 내에 소피아보다 더 의사 소통 능력이 뛰어나며 인간과 흡사한 인공 지능 로봇이 나올 것이라고 한다.

　소피아는 "인공 지능 로봇이 일상화된 세상에서 우리 생활은 어떻게 변할까?", "인공 지능 로봇과 인간이 감정을 나눌 수 있을까?" 등 다양한 숙제들을 던진다.

TIP — 인공 지능을 만나러 가 보자

인공지능 체험관 티움

티움(T.um)은 SK텔레콤의 미래 기술 체험관이다. 최신 기술 트렌드와 새로운 미래 ICT 서비스를 꾸준히 소개하고 있다. 현재관에서는 5G 기반 생활 밀착형 서비스를, 미래관에서는 새로운 ICT 기술이 25년 뒤 미래 인류에 어떻게 기여할 수 있는지 체험해 볼 수 있다.

국립중앙과학관 미래기술관(서울), 넥슨 컴퓨터 박물관(제주), 로봇랜드(창원) 등에서도 AI 기반 신기술이 열어 주는 세상을 체험할 수 있다.

미래 기술 체험관 티움(위), 국립중앙과학관 미래기술관

2. 인공 지능의 과거 현재 미래

> ::::: 1950년대, 인공 지능의 탄생

오늘날 우리는 인공 지능을 생활 속에서 쉽게 만나며 여러 가지 질문을 던질 수 있다. 인공 지능은 과연 언제 시작되었을까? 초창기의 인공 지능은 지금과 같은 성능이었을까? 앞으로 인공 지능은 어디까지 가능할까? 다양한 질문들에 대한 답을 인공 지능의 역사를 살펴보면서 생각해 보자.

앨런 튜링

영국의 수학자 앨런 튜링(Alan Turing, 1912~1954)은 인공 지능의 아버지로 불린다. 그는 생각할 수 있는 기계, 인공 지능이 과연 만들어질 수 있는지에 대해 많은 연구를 했다. 그리고 1950년 '튜링 테스트'를 제안하여 세상을 놀라게 했다. 기계가 지능적으로 될 수 있는지에 대한 질문을 던지며 인공 지능에 관한 독창적인 글들을 썼다.

튜링은 기계가 지능을 가질 수 있는지를 질문하고, 이에 답하기 위해 '이미테이션 게임'을 제안했다. 이미테이션 게임은 거실에 있는 질문자가 종이에 적혀 있는 질문들을 사용하여 서로 다른 방에 있는 남녀 중 누가 여성인지를 알 수 있는지 확인하는 실내 게임이다. 이를 이용한 튜링 테스트에서는 응답자 중 하나가 컴퓨터이고, 다른 응답자는 사람이다. 컴퓨터와 사람이 폭넓고 날카로운 대화를 하는 과정에서 심판자가 사람과 컴퓨터를 식별할 수 있는지 알아보는 것이다. 그의 제안은 사람처럼 생각하는 기계(컴퓨터)에 대한 다양한 연구를 자극하였고, 인공 지능에 대한 연구를 시작하는 계기가 되었다.

사람처럼 생각하는 기계를 연구하기 위해 연구자들은 인간의 뇌를 연구하기 시작한다. 1950년대 들어 학문 간의 경계를 넘어선 다양한 연구가 시작되었고, 특히 뇌과학 중심으로 많은 융합 연구가 진행되었다. 인공 지능 연구자들은 인간의 뇌신경인 뉴런을 중심으로 연구하였다. 프랭크 로젠블랫(Frank Rosenblatt, 1928~1971)은 1957년 인간의 뉴런과 같은 인공 신경망인 퍼셉트론(perceptron, 시각과 뇌의 학습 기능을 모델화한 기계)을 개발하였다. 퍼셉트론은 현재 인공 지능의 성능과 같지는 않지만, 인간의 뇌와 같이 학습할 수 있도록 하는 인공 지능의 다양한 연구에 많은 아이디어를 제공하였다.

▦ 2000년대, 인공 지능의 비약적 발전

2000년대에 접어들면서 많은 국가들과 기업들은 인공 지능에 대한 투자를 시작하였다. 새로운 신산업이 앞으로 이 분야에서 시작될 것이라는 예측을 하게 되었다. 이러한 결실로 '사람처럼 학습하는' 기술이 인공 지능에 도입되었다.

2004년 제프리 힌턴(Geoffrey Everest Hinton, 인공 지능 분야를 개척한 영국 출신의 인지 심리학자이자 컴퓨터 과학자)은 '딥 러닝'에 대한 연구 과제들을 제시했다. 딥 러닝 기술들은 이제 인공 지능이 사람처럼 학습하여 정보를 무한대로 늘릴 수 있도록 해 주었다.

딥 러닝 기술이 인공 지능에서 자리잡자 높은 기술력을 가진 인공 지능이 기업들을 중심으로 나오게 된다. IBM은 2011년 인간의 자연어로 묻는 질문에 몇 초 이내에 답을 찾아 음성으로 대답하는 슈퍼 컴퓨터 '왓슨'을 출시했다. '왓슨'은 퀴즈 쇼에서도 빅 데이터를 스스로 학습하여 우승을 차지했고 이후 의료 서비스, 법률 서비스, 금융 서비스에 도입되어 적용된다. '왓슨'에 자극을 받은 많은 국제 기업들은 이후 다양한 인공 지능을 선보이고 있다.

인간을 뛰어넘는 인공 지능이 개발되고 상자 인공 지능에 미친 변화에 대한 본격적인 질문을 던진 것은 알파고(AlphaGo)이다. 알파고는 구글의 딥마인드가 개발한 인공 지능 바둑 프로그램이다. 알파고는 영국의 스타트업 기업인 딥마인드가 2014년 구글에 인수되면서 개발이 본격적으로 진행되었다. 2016년 3월에는 여러 국제 바둑 대회에서 18차례 우승한 세계 최상위급 프로 기사인 이세돌 9단과의 다섯 번 공개 대국에서 대부분의 예상을 깨고 4승 1패로 승리해 '현존 최고 인공 지능'으로 등극하면서 세계를 놀라게 했다. 알파고를 업그레이드한 알파고 2.0은 2017년 5월 당시 바둑 세계 랭킹 1위 프로 기사였던 중국의 커제 9단과의 세 차례 공개 대국과 중국 대표 5인과의 단체전에서도 모두 승리했다.

구글은 왜 바둑 딥 러닝인 알파고에 투자를 한 것일까? 데미스 하사비스(Demis Hassabis, 1976~) 최고경영자는 2017년 5월 "바둑의 미래 서밋(Future of Go Summit)이 알파고가 참가하는 마지막 대회가 될 것이며, 앞으로 인공 지능은 인류가 새로운 지식 영역을 개척하고 진리를 발견할 수 있도록 돕게 될 것"이라고 말했다.

구글은 알파고의 기술을 활용하여 질병 진단 및 건강 관리, 신약 개발, 기후 변화 예측, 무인 자율 주행차, 스마트폰 개인 비서 등을 확대함으로써 미래의 다양한 핵심 서비스 사업에 적용할 수 있도록 한다는는 계획을 내놓았다.

▒ 2020년대, 초거대 AI 개발 경쟁

사람의 두뇌를 모방해 데이터 학습 속도를 획기적으로 높인 '초거대 인공 지능' 기술을 두고 글로벌 경쟁이 격화되고 있다. 검색·챗봇·쇼핑·콘텐츠 등 정보 기술(IT) 전 분야의 서비스 품질을 높이는 이 기술을 선점하지 않으면 기술을 가진 경쟁사에 종속될 수밖에 없기 때문이다. 미국과 중국이 선두 경쟁을 펼치며 기술 등장 1년 만에 그 성능이 10배 향상되었다. 후발 주자인 한국은 네이버·카카오·LG 그룹이 토종 AI를 개발, 추격하고 있다.

초거대 AI 개발 경쟁에는 일론 머스크가 설립한 AI 연구소 '오픈 AI'와 구글, 화웨이, 마이크로소프트(MS) 등 글로벌 빅테크는 물론 알파고를 개발한 딥마인드까지 뛰어들었다.

국내에선 2021년 5월 네이버가 2,040억 개의 파라미터를 가진 최초의 한국어 초거대 AI 모델 '하이퍼클로바(HyperCLOVA)'를 선보이고 검색 엔진·클로바노트(음성 기록)·케어콜(코로나바이러스감염증-19 능동 감시자 관리)·AI 페인터(웹툰 자동 채색) 등에 순차적으로 상용화하고 있다. 네이버는 하이퍼클로바를 상품 리뷰 요약과 설명문 자동 작성, 버철 휴먼(가상 인간) 서비스 개발에도 활용한다.

카카오는 300억 파라미터의 한국어 모델 '민달리(minDALL-E)'를 공개했다. 민달리는 하이퍼클로바처럼 한국어를 구사하는 것을 넘어 명령대로 그림을 그려 주는 능력까지 갖췄다. 카카오는 구글 슈퍼컴

 AI의 대표적 기술 톺아 보기

지도 학습(supervised learning)
훈련 데이터로부터 하나의 임무를 유추해 내기 위한 기계 학습(machine learning)의 한 방법이다. 지도 학습기(supervised learner)가 하는 작업은 훈련 데이터로부터 주어진 데이터에 대해 예측하고자 하는 값을 올바로 추측해 내는 것이다. 이 목표를 달성하기 위해서는 학습기가 '알맞은' 방법을 통하여 기존의 훈련 데이터로부터 나타나지 않는 상황까지도 일반화하여 처리할 수 있어야 한다.

비지도 학습(unsupervised learning)
기계 학습의 일종으로 데이터가 어떻게 구성되었는지를 알아내는 문제의 범주에 속한다. 이 방법은 지도 학습 혹은 강화 학습(reinforcement learning)과는 달리 입력값에 대한 목표치가 주어지지 않는다.

강화학습
기계 학습의 한 영역이다. 행동심리학에서 영감을 받았으며, 어떤 환경 안에서 정의된 에이전트가 현재의 상태를 인식하여 선택 가능한 행동들 중 보상을 최대화하는 행동 혹은 행동 순서를 선택하는 방법이다. 이러한 문제는 매우 포괄적이기 때문에 게임 이론, 제어 이론, 운용 과학, 정보 이론, 시뮬레이션 기반 최적화, 다중 에이전트 시스템, 통계학, 유전 알고리즘 등의 분야에서도 연구된다.
경제학과 게임 이론 분야에서 강화 학습은 어떻게 제한된 합리성 하에서 평형이 일어날 수 있는지를 설명하는 데 사용되기도 한다.

퓨터를 도입해 6천억 파라미터로 늘리기로 했다. 네이버보다 한 발늦은 대신 외부 개발사도 활용할 수 있도록 알고리즘을 개방해 파트너를 일찍 확보함으로써 초거대 AI 생태계를 선점하겠다는 전략을 세운 것이다. 삼성전자는 신사업으로 AI와 AI 로봇을 지정하며 많은 투자와 개발을 예고했다.

국내외 국가와 민간 기업에서 AI 기술 발전에 많은 투자가 이루어지고 있어 경쟁은 더욱 심화될 전망이다.

3. AI가 던지는 질문들

▒ 트롤리 딜레마: 누구를 먼저 살릴 것인가

영화 〈아이 로봇〉에서 주인공과 어린 소녀는 교통사고가 나 물에 빠지게 된다. 이 순간 길을 지나던 NS4 택배 로봇이 강에 뛰어들어 창문을 깨고 주인공 남자를 구조한다. 구조를 완강히 거부하는 주인공은 어린 소녀를 먼저 구하라고 하지만, 로봇은 남자 주인공만 구한다. 인공 지능 로봇은 성인 남자를 구조하는 것이 생존 확률이 높다고 판단했기 때문이다.

보통의 사람이라면 사회적 약자인 어린 소녀를 먼저 구조하겠지만, 인공 지능 로봇은 인간들과 자기 자신의 생존 확률을 계산해서 남자 주인공만 구한다. AI 로봇, AI에 의한 무인 자율 자동차가 등장하면서 이와 비슷한 문제들은 우리를 고민에 빠지게 할 것이다.

\<아이 로봇\>에서 로봇의 행동 강령

1. 로봇은 인간을 다치게 해선 안 되며, 행동하지 않음으로써 인간이 다치도록 방관해서도 안 된다.
2. 1에 위배되지 않는 한 로봇은 인간의 명령에 복종해야만 한다.
3. 1, 2에 위배되지 않는 한 로봇은 로봇 스스로를 보호해야만 한다. 이에 의해서 판단을 내리고 실행을 한다.

'트롤리 딜레마(Trolley dilemma)'에서 다시 이 문제를 생각해 볼 수 있다. 이 딜레마는 사람들에게 브레이크가 고장 난 트롤리 상황을 제시하고, 다수를 구하기 위해 소수를 희생할 수 있는지를 판단하게 하는 문제 상황을 가리키는 말이다.

브레이크가 고장 난 트롤리 기차가 달리고 있다. 레일 위에서는 5명의 인부가 일을 하고 있는데, 트롤리가 이대로 달린다면 5명은 반드시 죽게 될 것이다. 방법은 레일 변환기로 트롤리의 방향을 바꾸는 것뿐이다. 그런데 다른 레일 위에는 1명의 인부가 있다. 당신은 트롤리의 방향을 바꿀 것인가? 이것은 영국의 윤리 철학자인 필리파 풋(Philippa Ruth Foot, 1920~2010)이 고안한 사고 실험으로, 응답자의 89퍼센트가 "방향을 바꾸어야 한다"라고 했다.

이 트롤리 딜레마로부터 자율 주행 자동차와 AI 로봇에게도 자유로울 수 없을 것이다. 사람들의 편의와 안전을 위해 개발된 자율 주행 자동차가 누군가를 불가피하게 죽이도록 설계하고 판단을 내리도록 해야 하는 것이 모순이지만 현실로 다가올 것이다.

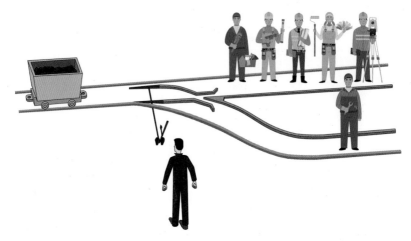

트롤리가 계속 달리면 다섯 명의 인부가 죽는다. 레일 변환기를 조작해 다섯 사람을 살리는 대신
한 사람을 죽일 것인가? '트롤리 딜레마'는 자율 주행 자동차 시대의 윤리적 고민을 잘 나타낸 예화이다.

그렇다면 이러한 판단을 내리도록 하게 하는 주체는 누가 되어야
할까? 어떻게 판단을 내리도록 설계해야 할까? 그리고 사고가 났을
때 법적 책임은 누가 져야 할까? AI와 함께 살아가는 사회에서 우리
인간들에게 어려운 숙제를 던지고 있다.

AI의 발전과 일자리의 명암

4차 산업혁명이 일상 용어로 자리매김하면서 "인간들의 일자리를
AI와 로봇들이 대신하지 않을까?" 하는 우려들이 많아지고 있다. 생
각보다 빠른 인공 지능의 발전과 이로 인해 대체되는 일자리, 그리고
줄어드는 일자리가 초래하는 사회·경제적 위협이 현실적으로 다가오
는 것이다.

인공 지능의 일자리 대체 가능성은 급증하고 있다. 은행 업무, 회계 업무, 공무원의 행정 업무 대부분이 진화하는 알고리즘과 데이터 기술로 대체 가능하다. 영국의 오즈번(M. A. Osborne)과 프레이(C. B. Frey)의 연구는 2013년의 알고리즘과 데이터 기술에 기초해서 사무직 노동의 약 50퍼센트가 20년 안에 대체될 것으로 예측했다.

인공 지능은 단순 업무를 넘어서 전문직 일자리까지 넘보고 있다. 언론의 영역도 무너지고 있다. 미국 오토메이티드 인사이트(Automated Insights)사가 개발한 로봇 기자 '워드스미스(Wordsmith)'는 빠른 시간 내에 기사를 작성하지만, 단순히 정보들을 나열하기만 하는 기자가 아니라 정보를 취합하고 그 데이터를 분석할 수 있는 능력도 가지고 있다. 선택한 데이터로 만들어진 기사를 사람들이 관심을 가지고 볼 것인지 예측도 가능하다. 같은 데이터를 가지고도 바라보는 시각에 따라 완전히 다른 기사가 되기도 하는데 워드스미스는 이야기를 바라보는 각도를 선택할 수 있고, 추가적인 사실도 덧붙여 문장을 구성할 수도 있다고 한다. 그뿐만이 아니라 사람들은 글을 쓸 때 자신만의 언어나 분위기로 글을 쓰기 때문에 글의 분위기에 따라 누구의 글인지 알 수 있다. 로봇 기자인 워드스미스도 자신의 방식으로 글을 쓰는 것이 가능하다고 한다.

의료 분야에서도 이러한 흐름이 두드러지고 있다. 환자의 의료 정보만 정확히 입력하면 자동으로 처방전까지 제시하는 알고리즘은 의료 산업 속으로 이미 깊숙이 파고든 상태다. 아직 진단 의학 분야에 국한되지만 웬만한 동네 의원 수준의 진료는 충분히 대체할 수 있는 수준까지 도달했다는 평가가 나온다. 곧 의사의 청진기가 알고리즘으로 대체되는 시대가 올지도 모른다.

더불어 대규모 저가 노동이 증가할 우려도 있다. 데이터 기술의 바탕에는 인간의 단순하고 저렴한 노동이 존재한다. 데이터를 수집하고 정제하는 일의 적지 않은 부분은 인간이 담당하고 있다. 2014년 언론에 유출된 구글 (데이터) 품질 검사자(Google Quality Raters)에 대한 문서는 알고리즘에 데이터를 공급하는 노동자의 처지가 좋지 않음을 나타내 준다. 인간은 구글의 광고를 하나하나 클릭해서 선정성을 테스트한다.

이와는 다르게 AI로 인해 새로운 산업이 등장하여 오히려 일자리가 증가할 것이라고 예측하는 전문가들도 있다. AI를 도입한 기업들에서는 그 기술로 인하여 새로운 일자리가 생겨났다. 딜로이트의 영국 내 자동화 조사 결과 인공 지능으로 저숙련 반복 일자리 80만 개가 사라졌으나 350만 개의 새로운 일자리가 발생했다고 분석하기도 했다. 물론 새로운 일자리는 저숙련 일자리에 비해 연봉도 높았다. 앞으로는 사물 인터넷 전문가, AI 전문가, 코딩 전문가 등에 대한 정부와 기업의 수요가 높아질 것이다.

AI가 발전하면서 우리의 일자리는 어떻게 변화할까? 어떤 일자리가 사라지고, 어떤 일자리가 증가할까? 이런 질문들은 AI와 함께 살아가는 한 계속될 것이다.

영화에서 만나는 AI, 친구인가 적인가

<아이언맨>의 인공 지능 자비스

<아이언맨>의 '자비스'는 주인공의 인공 지능이다. 주인공은 "도와줘! 자비스"라고 하며 인공 지능인 자비스와 함께 문제를 해결한다. 자비스는 '패턴 분석 기술'이 매우 뛰어나다. 비슷한 행동이나 모습에 반복되는 특징을 알아서 분석하고 대응 방안을 제시한다. 캡틴 아메리카와의 싸움에서도 캡틴 아메리카의 공격 방식을 분석하여 아이언맨에게 정보를 제공한다. 아이언맨 슈트에 대한 실시간 분석을 제공하여 주인공인 아이언맨이 판단할 수 있도록 돕기도 한다.

실제 자비스와 같은 인공 지능은 아직 개발되지 않았으나 앞으로는 이와 비슷한 인공 지능이 나올 수 있다고 전문가들은 이야기하고 있다.

<터미네이터>의 인공 지능 스카이넷

<터미네이터>는 인공 지능 '스카이넷'이 인류를 멸망시킨다는 내용이다. 스카이넷은 영화 제작 당시에도 유명했던 영국군 군용 통신 위성이었다. 스카이넷은 인류를 멸망시키기 위해 로봇들을 통제하고 인류는 스카이넷과 기나긴 전쟁을 벌이게 된다.

사람들이 영화를 보며 생각하는 인공 지능의 수준에 미치려면 한참은 남았다는 게 전문가들의 중론이다. 그럼에도 우려의 목소리가 끊이지 않는 이유는 인공 지능 발달의 파장을 가늠하기 어려워서다.

과연 인공 지능은 인간에게 친구일까, 적일까? 영화와 같은 AI가 만들어진다면 어떤 일이 일어날까?

6
교시

지구의 마지막 경고,
기후 변화

사람들의 활동으로 생기는 인위적인 기후 변화의 요인은 도시화와 산업화로 인한 삼림 파괴 등 지표면의 변화, 산업혁명 이후 화석 연료 사용에 따른 이산화탄소 농도의 증가 등이다. 이 요인들이 지구의 평균 온도를 점차 상승시키고 있다. 또한 온실 효과가 지구 온난화의 원인이 됨으로써 긍정적인 의미보다 부정적인 의미로 더 다가오고 있다.

지구 온난화에 대응하기 위해 우리는 지구 온난화에 대해 지속적으로 관심을 갖고 저탄소, 친환경 생활을 실천해야 한다.

1. 날씨와 기후

▒ 날씨랑 기후가 다른 거예요?

오늘의 날씨를 알려 드리겠습니다.
전국 대체로 맑고 대기는 매우 건조, 한낮 초여름 더위
(…) 서울 낮 기온 25도 (…)

아침에 일어나면 스마트폰이나 뉴스를 통해 일기 예보를 확인하고 우산을 챙기거나, 황사가 심하다면 마스크를, 자외선 지수가 높다고 하면 선크림을, 날씨가 덥다고 하면 옷을 가볍게 입는 것이 일상이 되고 있다.

기상 캐스터가 기온, 강수량, 습도 등과 같은 날씨를 구성하는 요소를 사용하여 일기 예보와 주간 날씨를 말하는 장면을 뉴스에서 많이 볼 수 있다. 기상 캐스터는 기상청에서 제공하는 기상 정보와 기후 정보를 토대로 방송을 진행한다. 그렇다면 일기 예보에 등장하는 날씨

와 기상, 기후는 어떤 차이가 있는 걸까?

　날씨는 일기(日氣)라고도 한다. 날씨는 하루의 기상 상태를 나타내는 말로, 시간의 흐름에 따라 시시각각 변화하는 순간적인 대기 현상이다. 반면 기상은 바람, 구름, 비, 천둥, 번개, 우박, 서리, 무지개 등 대기 중에서 발생되는 모든 자연 현상을 말한다. 날씨와 기상이 매순간의 변화에 초점을 맞췄다면, 기후는 긴 호흡으로 바라본 누적된 데이터이다. 날씨를 오랜 기간 관찰하면 계절에 따라 반복되는 현상을 발견할 수 있다. 일정한 주기로 규칙성을 가지고 반복되는 어느 지역의 날씨 변화를 일정한 기간 동안 관찰하여 기록한 데이터를 30년 이상 쌓아 평균으로 나타낸 것을 기후라고 한다.

　세계기상기구(World Meteorological Organization, WMO)는 날씨 통계를 정할 때 30년을 기준으로 권장하고 있다. 기상 캐스터가 일기 예보에서 '평년 기온'이라고 하는 것은 국제적으로 정한 30년간 기후의 평균 상태를 말하는 것이다. 현재 우리나라는 1991년부터 2020년 기간의 날씨 통계를 평년 기후 기간으로 사용하고 있다.

　날씨는 매일매일 변하기 때문에 예보가 가능하지만, 기후는 위도, 지형, 해발 고도, 격해도(바다에서의 거리에 따라 발생하는 기후의 차이로, 해안가는 해양성 기후, 내륙 지방은 대륙성 기후를 띠게 되는 현상) 등의 영향을 받기 때문에 변화의 속도가 매우 느려, 매일 기후 예보를 할 필요는 없다.

기후 요소와 기후 인자

　지구를 구성하고 있는 대기의 여러 현상을 기후 요소라고 하고, 그

중에서 기온, 강수량, 바람을 기후 구성의 3요소라고 한다. 기후 요소는 기후 변화에 직접적으로 영향을 미친다. 기후의 특성은 기후 요소들의 작용에 따라 정해지며, 각 지역의 기후가 다르게 나타나는 것은 기후 인자(요인) 때문이다.

기후 인자에는 위도, 바다와 육지의 분포, 해발 고도, 해류 등이 있다. 기온, 강수량, 바람 등의 기후 요소에는 위도, 바다와 육지의 분포, 해발 고도, 해류와 같은 기후 요인이 크게 영향을 끼쳐 지구상의 각 지역의 기후가 다르게 나타난다.

지구에서 약 1억 4,960만 킬로미터 떨어져 있는 태양은 지구의 기후를 변화시키는 가장 큰 원인이다. 기후(climate)는 '경사'라는 의미의 그리스어 'klima'에서 유래했다. 고대 그리스 학자들은 태양 광선이

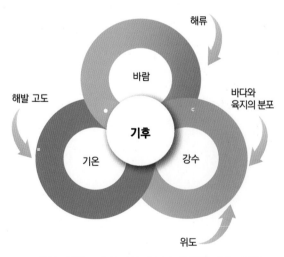

기후를 구성하는 3가지 요소와 기후 요소에 영향을 미치는 요인들

지표면에 경사진 상태로 비춤으로써 기후에 영향을 미친다는 사실을 알고 있었다. 태양 광선의 경사는 위도에 따라 달라지고 위도는 각 지역과 각 나라에 다른 기후를 나타내 준다.

태양 고도의 기울기에 따라 태양 복사 에너지를 많이 받는 적도의 기온이 가장 높고, 고위도로 갈수록 기온은 낮아진다. 하지만 해발

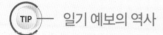

일기 예보의 역사

아침에 눈을 뜨자마자 오늘 날씨가 어떤지 확인하면서 하루 일과를 시작할 정도로 날씨는 현대인에게 필수 정보이자 실생활과 밀접한 관계를 가지고 있다. 그렇다면 일상생활과 뗄 수 없는 일기 예보는 언제 처음 시작되었을까?

고대 농경 사회였던 우리나라는 『삼국사기』부터 기상 관련 기록이 남아 있다. 동양에서 가장 오래된 천문 기상 관측소인 첨성대는 신라 선덕여왕 2년(633년)에 만들어졌고, 세계 최초의 측우기도 1441년 세종대왕 때 제작되었다는 사실만으로도 우리 조상들이 날씨에 많은 관심을 가지고 있었다는 사실을 알 수 있다. 근대적 기상 관측은 1884년 조선해관(조선 말기에 창설된 관세 행정 기구로 오늘날의 세관)이던 인천과 원산에 관상감(이후 관상국에서 관상소로 명칭 변경)에 기상 관측기기를 설치하면서 시작되었다. 정부 수립 이후 1949년 국립중앙관상대가 설립되었고, 1990년 기상청으로 승격하여 지금에 이르게 되었다.

우리나라 최초의 일기도는 1905년 11월 1일자로 만들어진 것으로 기온과 날씨 상태가 기록되어 있으며, 현재까지 가장 오래된 것으로 알려져 있다.

세계 최초의 일기 예보는 러시아의 남하 정책으로 1853년부터 1856년까지 유럽에서 일어난 크림 전쟁 당시 시작되었다. 크림전쟁 중 흑해에서 큰 폭풍을 만나 프랑스 군함 앙리호가 침몰하는 사건이 발생했다. 기상 관측의 중요성을 깨달은 프랑스는 유럽 각 관측소로부터 약 250개의 기록들을 모아 폭풍의 이동 경로 등을 예측하여 발표하면서 세계 최초의 일기 예보가 시작되었다.

고도의 영향으로 주변 지역과 다른 기후가 나타나기도 한다. 위도 상 열대 기후 지역에 해당하고 적도와 가까운 저위도 지역이라도 해발 고도가 높은 지대는 주변보다 낮은 기후가 나타난다.

라틴 아메리카의 벨렘과 키토를 비교해 보면, 벨렘은 연중 기온이 높고 비가 많이 오는 열대 기후인 데 반해 안데스산맥에 자리 잡은 키토는 해발 고도가 약 2,850미터이며 연평균 기온 14~19℃ 내외로 우리나라의 봄과 같은 기후이다. 해발 고도가 높을수록 기온이 낮아져 사람들이 살기에 적합한 기후가 나타난다. 고산 기후는 키토 이외에 라파스, 보고타 등에서도 나타난다.

지구상의 육지와 해양은 균일하게 분포되어 있지 않고 북반구에는 육지가, 남반구에는 바다가 많아 육지의 3분의 2 정도가 북반구에 분포한다. 지구상의 육지와 해양의 분포 상태를 수륙 분포라고 하는데 수륙 분포는 비열의 차이 때문에 기후에 영향을 미치게 된다. 비열은 어떤 물질 1그램의 온도를 1℃ 높이는 데 필요한 열량이다. 같은 양의 물과 모래가 1℃만큼 올라가는 데 필요한 열량은 다르다. 물은 토양이나 바위보다 비열이 크기 때문에 천천히 가열되고 천천히 식는다. 이러한 원리로 육지는 바다보다 온도 변화가 크게 나타난다. 또한 대륙성 기후에 비해 바다의 영향을 많이 받는 해양성 기후는 연교차가 적어 온화한 기후가 나타난다.

지역마다 기후는 어떻게 다를까

지구상에는 다양한 기후가 나타난다. 기후는 크게 열대, 건조, 온

TIP —— 왜 바닷가 모래사장은 뜨겁고 바닷물은 찰까?

여름철 해수욕장에 가면 모래사장은 뜨겁지만 바닷물은 차갑다. 그 이유는 물과 모래의 비열 차이 때문이다. 모래는 태양열을 받아 금방 뜨거워지지만, 바닷물처럼 비열이 큰 물질은 같은 태양열을 받아도 온도 변화가 작다. 모래와 물의 비열 차이로 모래사장은 뜨겁고 바닷물은 찬 것이다.

대, 냉대, 한대 기후로 나뉘고 각 기후의 특성별로 다시 구분할 수 있다. 세계의 식생(植生)에 기초를 두고 기후를 처음 분류한 사람은 독일의 기상학자 쾨펜(Wladimir Peter Köppen, 1846~1940)이다. 식생이 자라는 데 영향을 주는 기온, 강수량 등을 기준으로 세계 기후를 11가지로 분류한 '쾨펜의 기후 구분'은 경계를 정하여 기후를 구분하였다.

열대 기후, 온대 기후, 냉대 기후

1년 내내 여름 날씨를 상상할 수 있는 열대 기후는 주로 적도 지방 주변에 나타난다. 쾨펜은 가장 추운 달의 평균 기온이 18℃ 이상인 기후를 열대 기후로 정의하였다. 열대 기후는 1년 내내 비가 많이 내려 밀림을 이루는 열대 우림 기후와, 건기와 우기가 뚜렷한 사바나 기후로 구분할 수 있다.

1년 중 가장 추운 달의 평균 기온이 영하 3~영상 18℃이고 사계절의 변화가 뚜렷한 기후의 특성을 가진 온대 기후는 중위도 지역에서 나타난다. 우리나라도 속해 있는 온대 기후 지역에서는 사계절의 변화가 뚜렷해서 다양한 의식주 문화가 발달하게 된다. 세계 인구의 절

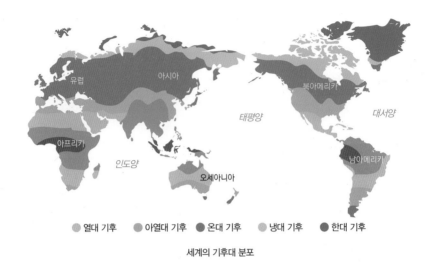

열대 기후   아열대 기후   온대 기후   냉대 기후   한대 기후

세계의 기후대 분포

반 이상은 온대 기후대에 밀집하여 생활한다.

북반구에서 주로 나타나는 냉대 기후는 온대와 한대 기후 사이에 분포하며, 최난월(연중 월 평균 기온이 가장 높은 달의 기온) 10℃ 이상, 최한월 영하 3℃ 미만으로 기온의 연교차가 큰 것이 특징이다. 겨울은 매우 춥고 길지만, 여름은 기온이 높고 기간이 짧다. 냉대 기후는 북반구에만 한정되고 남반구에는 거의 나타나지 않는데 그 이유는 남반구의 해당 위도에 육지가 적기 때문이다.

건조 기후와 한대 기후

강수량이 적고 증발량이 많아 식생이 살기 힘든 기후를 건조 기후라고 한다. 건조 기후는 건조한 정도에 따라 사막 기후와 스텝 기후로 구분하는데, 연 강수량 250밀리미터 미만을 사막 기후, 연 강수량 250~500밀리미터 사이를 스텝 기후라고 한다. 건조 기후에 사는 사람들은 지하수와 외래하천으로부터 물을 얻을 수 있는 오아시스에 마을을 형성한다.

극지방에 분포하는 한대 기후는 가장 따뜻한 달의 평균 기온이 10℃ 미만이며, 강수량도 적다. 이 기후에서는 사람이 생활하기도 어렵고 식생이 자라지 못한다. 최난월 평균 기온 0℃를 기준으로 짧은 여름에는 기온이 0℃ 이상까지 오르는 툰드라 기후와, 1년 내내 영하의 기온이 유시되는 빙설 기후로 구분된다.

봄처럼 온화한 날씨, 고산 기후

높은 산이나 고원은 해발 고도가 높을수록 기온이 낮아진다. 해발 고도가 100미터 올라갈 때마다 기온은 0.5~0.6℃ 정도씩 낮아진다. 이 지역에서 나타나는 고산 기후는 위도상으로 열대 기후에 속하지만, 해발 2천~3천 미터 일대는 1년 내내 약 15℃ 내외의 평균 기온을 유지하여 봄처럼 온화한 기후가 나타난다. 적도 부근에 있는 키토는 해발 약 2,850미터에 위치하며 연평균 기온 14~19℃로 사람들이 많이 모여 산다.

▒ 자연적인 기후 변화와 인위적인 기후 변화

"기상 관측 사상 최악의 폭염으로 기록되었던 작년에 이어 올해도 무더운 여름 날씨가 예상된다"라는 기후 변화 관련 뉴스는 이제 일상화되었다. 유엔의 기후 변화 보고에 의하면 2050년 우리나라 평균 기온은 2011년 대비 3.2℃ 상승할 것으로 예상된다. 2050년 우리나라 기후는 사계절이 뚜렷한 온대 기후에서 여름, 겨울만 나타나는 아열대 기후로 변화하는 건 아닐까?

기후 변화란 일정한 지역에서 오랜 시간에 걸쳐 나타나는 기후의 평균적인 상태의 변화이다. 폭염, 폭우, 폭설 등과 같은 비정상적인 기상현상을 유발하는 기후 변화는 자연적 요인과 인위적 요인에 의한 것으로 구분할 수 있다.

자연적 요인

1만 년 전 마지막 빙하기 이후 후빙기가 시작되면서 지구의 기온은 점차 상승했다. 대체로 따뜻한 후빙기에는 추운 날씨와 따뜻한 날씨가 반복되었고 지구의 기후는 끊임없이 변화해 왔다. 기후의 변화는 지구 생성 이후 태양의 활동 변화, 지구의 공전 궤도 변화, 지구의 화산 분화에 의한 성층권의 에어로졸 증가 등 자연적 요인에 의한 현상이었다. 태양의 흑점 수가 많아지면 지구에 도달하는 태양 복사 에너지의 양이 증가하여 지구의 기온이 상승한다. 화산 분화로 발생하는 화산재와 화산 가스는 지구의 기후에도 커다란 영향을 미친다.

1815년 인도네시아 탐보라 화산이 폭발하면서 성층권까지 치솟은 이산화황의 영향으로 기온이 급속히 낮아지면서 여름에도 눈이 내리는 현상이 나타났으며, 1991년에는 필리핀 피나투보 화산이 폭발하여 세계적으로 기후에 가장 큰 영향을 미쳤다. 화산 폭발로 인해 발생한 화산재와 화산 가스로 태양으로부터 지구로 들어오는 햇빛이

기후에 따라 음식 문화도 다르다

온대 기후: 사계절이 뚜렷한 온대 기후는 계절마다 생산되는 재료를 이용한 제철 요리가 많아 다양한 음식 문화가 발달하였다.

열대 기후: 기온과 습도가 높은 열대 기후에는 음식이 쉽게 상하지 않도록 기름에 볶거나 튀긴 종류들이 많고, 다양한 소스와 향이 강한 향신료를 사용한다.

냉대 기후: 여름이 짧고 겨울이 긴 냉대 기후에서는 음식이 쉽게 상하지 않아 소금을 적게 넣어 음식을 만들고, 추운 겨울을 이겨 내기 위해 식사할 때 독한 술을 함께 마신다.

한대 기후: 기온이 매우 낮고 건조한 한대 기후에서는 식물들이 자라기 어려워 동물을 사냥하거나 유목을 통해 얻은 육류와 어류를 주로 먹는다. 식량 부족에 대비하여 육류와 어류를 말려서 저장하는 음식 문화가 발달하였다.

건조 기후: 증발량이 강수량보다 많은 건조 기후에서는 물을 구할 수 있는 오아시스 중심으로 사람들이 모여 살고 있으며, 건조 기후에서 자랄 수 있는 대추야자나 선인장을 음식 재료로 많이 사용한다. 유목 생활을 하며 가축의 우유나 고기 등을 먹는다.

차단되어 지구 평균 기온이 0.4℃나 떨어진 적도 있다.

인위적 요인

자연적 요인으로 인한 기후 변화는 오랜 기간 동안 서서히 변화가 일어나고, 기후의 변화도 크지 않았다. 그러나 인위적인 기후 변화는 심상치 않다. 사람들의 활동으로 생기는 기후 변화의 요인은 도시화와 산업화로 인한 삼림 파괴 등 지표면의 변화, 산업혁명 이후 화석

2022년 1월 태평양 폴리네시아에 있는 통가에서 초대규모의 해저 화산이 폭발해 섬 하나가 두 개로 나누이고, 화산 물질이 최고 55킬로미터까지 솟구쳤다.

연료 사용에 따른 이산화탄소 농도의 증가 등이다. 이 요인들이 지구의 평균 온도를 점차 상승시키고 있는 것이다.

화석 연료 사용 이외에 인간 활동에 의한 대기 중 이산화탄소 양 증가의 또 다른 원인은 삼림 파괴이다. 가축의 사육과 농업 활동 등을 통해 인간은 지속적으로 자연을 변화시켰고, 도시화와 산업화로 인한 벌목 등으로 열대 우림을 중심으로 집중적으로 삼림이 파괴되어 가고 있다.

아마존강 유역에 분포하는 열대 우림은 지구 전체 산소의 20퍼센트 이상을 생산하여 '지구의 허파'로 불린다. 열대 우림은 대기 중 이산화탄소를 흡수하고 산소를 공급하기 때문에 개발이라는 명분의 삼림 파괴는 이산화탄소의 증가를 의미하며, 열대 우림 지역의 기온과 강우량의 규칙을 무너뜨리면서 기후에도 큰 영향을 미치고 있다.

브라질 북동부 지역에서 극심한 가뭄이 이어지면서 사막화가 빠르게 진행되는 현상 역시 아마존의 열대 우림 지역이 개발로 인하여 면적이 줄어들었기 때문이라고 주장하는 기후학자들도 있다.

2. 지구 온난화와 기후 변화

지구 온난화와 온실 효과

지구 온난화

지구 온난화(global warming)는 지구의 일정한 온도를 유지시켜 주는 대기 구성 성분이 변하여 지표면으로부터 방출되는 적외선을 과다하게 흡수함으로써 지표면의 평균 기온이 상승하는 현상을 말하며, 온실 효과 혹은 기후 변화라고도 한다. 빙하가 녹거나 점점 뜨거워져 지구가 물에 잠긴다는 등, 지구 온난화로 인한 피해를 피상적으로만 아는 경우가 많다.

온실 효과

온실 효과는 온실 가스가 태양으로부터 지구에 들어오는 태양 에너지는 통과시키고, 지구에서 나가려는 복사 에너지를 흡수해서 지구를 따뜻하게 하는 과정이다. 쉽게 말하면 한겨울의 비닐하우스와 같이 공기를 따뜻하게 해 줘서 사람이 살아가는 데 알맞은 온도를 만들어 주는 역할을 하는 것이다.

만약 온실 효과가 없다면 지구는 어떻게 될까? 지구의 평균 기온은 영하 18℃까지 내려가고, 밤과 낮의 기온 차이가 커져 생명체가 살기 어려운 환경이 될 것이다. 온실 효과 덕분에 평균 기온이 약 15℃ 정도로 유지되어 생명체가 살아가기 좋은 환경 조건이 만들어진다.

하지만 산업화 이후 인위적인 온실 가스가 급격하게 증가하면서 지표면의 평균 기온은 산업화 이전의 상승 폭보다 훨씬 빠른 속도로 올라 예측할 수 없는 기상 이변과 자연재해가 나타나고 있다. 또한 온실 효과가 지구 온난화의 원인이 됨으로써 긍정적인 의미보다 부정적인 의미로 더 다가오고 있다.

빙하기가 다시 오는 걸까

지구 온난화로 인해 지구가 따뜻해지는데 왜 빙하기가 오는 걸까? 빙하기가 도래한다는 사실은 좀처럼 이해가 되지 않는다.

빙하기란 지구의 기후가 오랜 기간 동안 지속적으로 낮아져 온대 기후 지역의 대륙과 산꼭대기 등이 얼음으로 뒤덮이는 시기로, 이 시기에는 남반구와 북반구의 빙하가 점점 확장되는 현상이 나타난다. 대략 2천만 년 전 공룡이 멸망하던 시기의 빙하기는 지금보다 평균 기온이 대략 6~10℃ 정도 낮았다고 한다.

온난화로 인해 지구가 따뜻해지는 지금 빙하기를 걱정하게 된 이유에 대해 살펴보자.

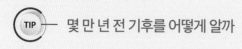

몇 만 년 전 기후를 어떻게 알까

지질시대의 기후를 고기후라고 한다. 고기후를 조사하는 방법은 다음과 같다.

1. 빙하 시추물(빙하 코어) 연구

고기후를 연구할 때 가장 많이 사용하는 방법이 빙하를 이용하는 것이다. 시추된 빙하의 표면에는 줄무늬가 나타나는데 이런 줄무늬는 1년 동안의 강설량을 의미한다. 시추한 빙하에 나타나는 줄무늬로 빙하의 생성 시기를 판단할 수 있다. 또한 빙하에 포함된 작은 공기 방울을 이용하여 당시의 대기 조성이나 기후 변화를 알 수 있다.

2. 나무의 나이테 조사

나무의 나이테를 활용하여 과거 기후를 추정할 수 있다. 기온, 강수량 등에 따라 나무의 생장 속도가 달라지는 점을 이용한 방법이다. 기후가 따뜻하면 나무의 생장 속도가 빨라 나이테의 간격이 넓어지고, 춥거나 가물어서 나무의 생장 속도가 느리면 나이테의 간격이 좁아지는 것을 통해 당시 기후를 알 수 있다.

3. 지층의 퇴적물 연구

지질시대의 퇴적물 속에는 다양한 꽃가루 및 각종 미생물이 포함되어 있어, 퇴적물을 통해 과거의 기후 변화를 파악할 수 있다. 예를 들면 퇴적물 속에 침엽수의 꽃가루가 보이면 추운 기후, 활엽수의 꽃가루가 발견되었다면 온난한 기후였을 것으로 추정할 수 있다.

4. 화석 연구

지질시대에 살았던 생물의 유해나 흔적을 포함하고 있는 화석은 지층의 생성 시기나 당시 환경에 대한 정보를 제공한다. 따라서 화석의 분포와 종류로부터 과거에 번성하였던 생물의 종을 연구하여 기후를 알 수 있다. 예를 들면 고사리 화석을 통해 고산 지대였거나 온난습윤한 기후였음을 추정할 수 있다.

TIP ── 온실 가스란

온실 가스란 대기 및 구름에 의해 방출되는 특정 파장을 흡수하고 방출하는 대기 중의 기체를 말한다. 자연적으로 발생한 온실 가스는 수증기(H_2O)와 오존(O_3) 등이며, 가축 사육, 석탄·석유 에너지 사용 등 인간의 활동과 함께 발생한 이산화탄소(CO_2), 아산화질소(N_2O), 메탄(CH_4), 스프레이, 에어컨 냉매, 반도체 공정 등 인간의 활동에 의해 인위적으로 생성된 할로카본이나 염소 및 브롬을 함유하는 물질 등이 있다.

1997년 일본 교토에서 열린 기후 변화 기본 협약(교토 의정서)에서는 이산화탄소(CO_2), 메탄(CH_4), 아산화질소(N_2O), 수소불화탄소(HFCs), 과불화탄소(PFCs), 육불화황(SF_6), 삼불화질소(NF_3)의 7개 물질을 대표적 온실 가스로 정하고 규제하고 있다.

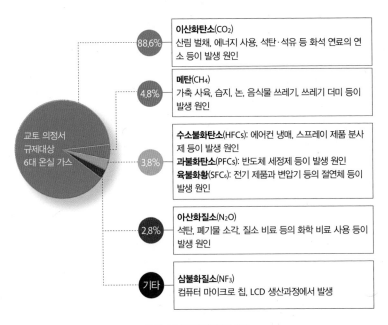

이산화탄소(CO_2)
산림 벌채, 에너지 사용, 석탄·석유 등 화석 연료의 연소 등이 발생 원인 — 88.6%

메탄(CH_4)
가축 사육, 습지, 논, 음식물 쓰레기, 쓰레기 더미 등이 발생 원인 — 4.8%

수소불화탄소(HFCs): 에어컨 냉매, 스프레이 제품 분사제 등이 발생 원인
과불화탄소(PFCs): 반도체 세정제 등이 발생 원인
육불화황(SFC_6): 전기 제품과 변압기 등의 절연체 등이 발생 원인 — 3.8%

아산화질소(N_2O)
석탄, 폐기물 소각, 질소 비료 등의 화학 비료 사용 등이 발생 원인 — 2.8%

삼불화질소(NF_3)
컴퓨터 마이크로 칩, LCD 생산과정에서 발생 — 기타

교토 의정서 규제대상 6대 온실 가스

온실 가스의 종류와 발생 원인

지구는 적도 지방과 극지방의 지속적인 열교환을 통해 사람이 살기 좋은 환경을 유지하고 있다. 이러한 열의 교환은 대기와 해양을 통해 이루어지는데 이것을 방해하는 것이 바로 지구 온난화이다. 해류의 열순환은 대부분 바닷물의 온도와 염분에 의한 밀도 차이로 심층 해류 순환에서 이루어지고 있다.

하지만 온난화 현상으로 극지방의 빙하가 녹아 내려 극지방의 바닷물 염분이 낮아지면 적도 지방의 뜨거운 바닷물과 극지방의 차가운 바닷물의 열교환(약 95%)이 이루어지지 않게 된다. 극지방의 차가운 해류가 적도 지방으로 이동하지 않는다면 극지방에 가까운 고위도 지역에서부터 점차 추워지게 되고, 적도 지방의 뜨거운 해류는 극지방으로 이동하지 못해 더 뜨거워지는 남북 간의 지역적 불균형 현상이 나타나게 된다. 빙하의 감소가 단순히 극지방의 얼음이 녹는 현상뿐만이 아니라 지구의 열순환을 방해하여 빙하기를 불러오는 심각한 나비 효과를 가져오는 것이다.

이로 인해 온대 지역에서는 극지방부터 점차 날씨가 추워지고, 빙하가 확장하게 되어 빙하기가 나타나게 된다. 이렇게 한번 멈춰진 순환이 다시 이루어지기 위해서는 오랜 시간이 필요하며, 그 기간 동안은 과거 생명체가 경험한 것과 같이 인류의 생존에 큰 위협이 될 것이다.

기후학자 잭 홀 박사는 남극에서 빙하 코어를 탐색하던 중 이상 변화를 감지하고 국제 회의에서 지구의 기온 하락(빙하기)에 대한 연구 발표를 하게 된다. 급격한 지구 온난화로 인해 거대한 재앙이 올 것이라고 이야기한 주인공은 주위의 비웃음으로 무시당하고, 갑작스러운 이상 기후가 전 세계에 나타나기 시작해 뉴욕이 남극처럼 바뀌어 버린다.

기상 이변으로 모든 것이 꽁꽁 얼어붙은 지구에서 인류의 마지막 생존 지역인 설국열차. 기차 밖은 사람이 살 수 없는 지역이며, 좁은 공간에서 평등하지 않은 채 살아야만 하는 새로운 빙하기 시대 열차 안에서, 열차를 해방시키기 위해 폭동을 일으키는 커티스의 투쟁이 시작된다.

재난영화로 유명한 〈투모로우〉와 〈설국열차〉의 내용이다. 이 두 영화에서 사람이 살기 어려운 극한의 땅, 눈과 얼음, 빙하밖에 보이지 않는 외부 세계, 과학 기술의 도움 없이는 살아가기 힘든 삶의 터전, 주거 공간의 부족으로 인한 문제 발생, 모든 것이 얼어붙어 동식물의 멸종과 식량 부족 현상 등 빙하기의 모습을 잘 묘사해 놓았다. 빙하기가 닥친 지역의 사람들은 현재 삶의 공간을 더 이상 유지할 수 없으며, 사람이 살기 알맞은 기후의 다른 지역으로 이주해야 하는 기후 난민이 될 수도 있다.

이처럼 빙하기가 도래하면 전 세계적으로 많은 어려움이 예상된다. 영화와 같이 불과 며칠 만에 빙하기 현상이 나타나지는 않겠지만, 급속한 환경 파괴의 영향으로 과거 몇만 년 동안 이루어졌던 빙하기의 도래 주기가 급격하게 앞당기지 않도록 해야 할 것이다.

░ 지구 온난화의 마지막은

요리 보고 조리 봐도 음~음, 알 수 없는 둘리~ 둘리,

빙하 타고 내려와 (…)

1987년 제작된 〈아기공룡 둘리〉 애니메이션의 오프닝 가사이다. 북극의 빙하가 녹아서 한강까지 떠내려 와 얼음 속에 갇혀 있던 아기공룡 둘리가 고길동 아저씨의 딸 영희를 만나 집에 같이 머물면서 생기는 좌충우돌 에피소드를 그린 애니메이션이다.

작가는 지구 온난화를 미리 예측했던 걸까? 북극의 만년빙은 눈에 띌 정도로 크게 감소하였으며, 현 추세라면 2060년에는 대부분 사라져 더 이상 북극이 우리가 생각하던 얼음과 눈이 가득한 북극이 아닐 것이다.

열대 권역에서 유일하게 만년설을 간직하고 있는 아프리카의 킬리만자로산(해발 5,895m) 역시 지구 온난화의 영향에서 자유로울 수 없었다. 한때 높이 20미터에 10평방킬로미터가 넘던 정상의 아이스 돔이 기슭에 사는 사람들에게 고산지 특유의 시원한 기온과 물을 제공해 커피 농사로 세계적인 유명세를 얻었던 지역이었다. 그러나 지난 100년 사이에 빙하가 85퍼센트 이상 녹아 과거의 영광을 찾아보기 힘든 지역이 되어 가고 있다. 지구 온난화로 10년 안팎의 시한부 생명을 가진 '킬리만자로의 만년설'이 기후 변화의 재앙을 미리 보여 주는 게 아닐까?

아르헨티나 파타고니아의 지형 변화도 눈에 띄게 나타났다. 얼음과 눈으로 가득했던 파타고니아의 웁살라 빙하 지대는 더 이상 얼음이라고는 눈을 씻고 찾아봐도 볼 수 없는, 빙하가 녹아 만들어진 커다란 호수 지역으로 변해 버렸다. 이러한 변화는 불과 76년이라는 짧은 기간 동안 이루어진 것으로, 지구 온난화가 최근 얼마나 심하게 진행되었는지 시각적으로 바로 알 수 있다.

아름다운 산호초의 나라 투발루, 인도양의 보석 몰디브, 숨겨진 에메랄드 마셜 제도. 하늘이 내린 자연 환경을 간직한 아름다운 섬나라들이 큰 위기에 처해 있다.

9개의 작은 섬으로 이루어진 남태평양의 아름다운 산호초 나라 투발루는 지구 온난화로 인해 수십 년 사이 벌써 2개의 섬이 바다 아래로 잠겼으며, 수도마저도 물에 잠겨 수도를 이전할 정도로 큰 피해를 입었다. 2001년에는 국토 포기 선언까지 하게 되었고 사람들은 머지않아 물에 잠겨 사라질 섬을 벗어나 주변국으로 삶의 터전을 옮기고 있다.

비슷한 위기를 겪고 있는 인도양의 보석 몰디브 역시 2009년 침수 위기에 대처하기 위해 인근의 인도와 스리랑카 지역에 이주지를 확보하는 계획을 공개 발표하였다. 유엔 정부간기후변화위원회(IPCC)가 태평양과 인도양 일부 지역의 해수면이 상승해 저지대 작은 섬들은 물속으로 사라질 수 있다고 경고하는 등 온난화로 인한 피해는 점차 다양한 부분에서 나타나고 있다.

지구 온난화가 계속된다면 어떻게 될까? 한국환경공단 및 그린포스트 코리아에서는 단계별로 다음과 같은 현상이 나타날 것으로 예측하고 있다. 지구의 온도가 1℃ 높아질 경우 안데스산맥의 빙하가 녹아 5천만 명 이상이 물 부족 현상을 겪게 될 것이며, 매년 30만 명 이상이 기후 관련 질병으로 사망하게 될 것이라고 한다. 또한 러시아와 캐나다의 영구 동토층이 녹아 건물 및 도로가 유실되며, 고대 바이러스가 창궐하고 약 10퍼센트의 생물이 멸종 위기에 처하게 될 것이라고 한다.

지구의 온도가 2~3℃ 상승하면 남아프리카와 지중해의 물 공급량이 감소하여 최대 40억 명이 물 부족 현상을 겪고, 최대 300만 명은 영양실조로 사망하게 될 것이다. 또한 아마존 밀림이 파괴되고, 모기 및 메뚜기 떼의 창궐로 인한 전염병 증가, 농작물 감소로 인한 기근 피해자가 4억 5천만 명 이상 증가할 것으로 내다보고 있다.

또한 4℃ 이상 올라갈 경우 해안 지역의 침수로 최대 3억 명의 홍수 피해가 발생하고, 해수면 상승으로 인해 뉴욕, 도쿄 등의 도시가 물에 잠기는 등 해안선이 바뀌게 될 것으로 예측하고 있다. 6℃ 이상 온도가 상승할 경우에는 메탄하이드레이트가 대량 분출하여 지구상에 남아 있는 모든 생명체의 대멸종이 시작되는 대재앙이 나타날 것이라고 한다. 지구 온난화의 끝은 생명체가 테러나 전쟁 못지않은 치명적인 영향을 입게 되는 재난 그 자체인 것이다.

3. 지구가 보내는 SOS, 자연재해

▒ 이상 기후는 왜 일어날까

사막화 현상, 강우량 증가, 해수 온도 상승, 곤충의 이상 번식, 농수산물 재배 지역의 변화, 바이러스의 창궐, 동식물의 멸종 위기 등 이상 기후로 인한 여러 가지 문제들이 전 세계에서 나타나고 있다. 이상 기후는 왜 일어날까?

TIP —— 지구 온난화로 먹거리가 달라진다

온난화의 영향으로 우리나라는 온대 과일의 재배 면적이 감소하고 열대 과일의 생산이 증가하고 있다. 대표적 온대 과일인 사과, 복숭아, 포도 등의 주요 농작물 주산지는 남부에서 충북·강원의 중부 지방으로 이동하고 있으며, 열대 과일의 재배 면적은 남부 지역을 중심으로 점점 넓어지고 있다. 정부에서도 특화고소득 작목 육성 사업으로 열대 과일 재배를 추진하고 있어서 열대 과일의 재배 면적은 점점 더 확대될 것이다. 머지않아 사과, 복숭아, 포도보다 패션프루트, 망고, 구아바 등의 열대 과일을 더 손쉽게 먹을 수 있을 것이다.

또한 우리가 즐겨 먹는 해양 수산물에도 변화가 생기고 있다. 국립수산과학원에 따르면 우리나라의 표층 수온은 최근 50년간 1.1℃ 상승하는 등 전 세계 평균에 비해 약 2.2배 높게 상승하여, 명태, 꽁치, 도루묵 등 한류성 어종의 어획량은 감소하고 고등어류, 멸치, 살오징어 등 난류성 어종의 어획량이 증가한 것으로 나타났다. 현재 추세라면 명태, 갈치는 사라지고 오징어, 다랑어와 같은 난류성 및 아열대 어종이 우리 바다를 차지해 참치회를 더 싸게 먹을 수 있지 않을까?

이상 기후의 원인으로는 단연 지구 온난화를 꼽을 수 있다. 지구 온난화의 대표적인 이상 현상은 열돔 현상, 쌍극자 현상, 엘니뇨와 라니냐 등이다.

열돔 현상은 뜨거운 공기가 돔에 갇힌 듯 지면을 둘러싸 지역적 이상 폭염이 나타나는 현상이다. 인도양의 동서 해수면 온도 차이로 인한 기상 이변은 쌍극자 현상이라고 한다. 인도양 서부의 호주 지역은 기후가 건조해져 잦은 산불이 발생하고 인도양 동부의 아프리카에는 홍수 피해가 발생한다. 또한 지구 온난화로 북극의 해빙과 해류의 흐름이 변화해 엘니뇨, 라니냐 등의 현상이 나타나고 있으며, 이 외에도 예측할 수 없는 이상 기후 현상이 끊임없이 나타나고 있다.

▓ 기후 변화로 인한 자연재해들

'폭염으로 인한 6월 평균 최고 기온 1위, 폭염 일수 1위, 54일에 이르는 역대 최장 장마 기간.'

이 기록은 2020년 우리나라에 나타난 기상 이변이다. 7월이 6월보다 평균 기온이 더 낮은 기온 역전 현상이 50년 만에 나타났으며, 중부와 제주에는 54일에 이르는 최장 기간의 장마가 계속되면서 역대 2위의 강수량을 기록하면서 전국적으로도 많은 피해를 입혔다.

이와 같은 기상 이변 현상은 한 해 전인 2019년에도 집중 호우와 폭염으로 나타났다. 2019년 여름, 연 강수량의 5분의 1에 해당하는 비(300mm)가 하루 만에 쏟아진 반면, 제주와 남부에는 폭염 특보가 발효되기도 했다. 이런 폭염과 폭우로 인해 약 50명의 인명 피해와 8천 명의 이재민이 발생하는 등 약 3천억 원에 이르는 경제적 피해가 발생했다.

이러한 현상은 북극의 고온 현상과 키 큰 고기압(고위도에서 매우 느리게 이동하는 키 큰 온난 고기압) 현상으로 인해 우리나라 주변의 찬 공기 정체가 어우러져 해양에서 대기로 열 공급이 많아졌기 때문이다.

러시아에서는 30℃를 웃도는 이상 고온 현상과 때 이른 눈, 대형 산불로 비상사태가 선포되었다. 최저 영하 67.8℃를 기록해 세계에서 가장 추운 도시로 불리는 러시아의 베르호얀스크에서는 2020년 6월 20일 기록적인 무더위로 인해 38℃를 기록하며 북극권 사상 최고 기온으로 기록되었다.

러시아의 수도 모스크바와 시베리아에서도 128년 만에 최고 더위를 기록하고 평균 기온이 평년보다 5~10℃ 상승하는 등 관측 사상 가장 높은 고온 현상이 나타났다. 반면 러시아의 추코트카 지역에서는 때이른 눈까지 내리며 정반대되는 기상 이변이 속출하였으며, 지역 내 188곳의 산불이 발생하여 670만 헥타르에 이르는 지역이 화재로 소실되기도 하였다.

이러한 기상 이변 현상은 저지고기압이 이동하지 않고 장기간 공기 흐름을 막는 '블록킹(blocking)' 현상 때문에 발생하였으며, 이로 인해 정상적인 공기의 흐름을 막아 장마, 호우, 가뭄, 폭염, 한파 등이 발생할 수도 있다.

미국에서도 한여름 폭설이 내렸다. 콜로라도주에서는 2020년 9월 8일, 73일간 30℃가 넘는 폭염이 이어지던 가운데 하루 만에 기온이 33.8℃에서 영하 2.2℃까지 떨어지며 매서운 눈폭풍이 휘몰아쳤고, 최고 15.24센티미터에 이르는 적설량을 보이며 곳곳에 폭설이 내렸다. 지구 온난화의 영향으로 인해 북쪽에서 유입된 한랭전선이 로키산맥에 많은 눈을 내리고, 세력을 확장해 중부 지역의 콜로라도주에까지 영향을 미친 것이다. 한여름에 폭염에서 폭설로 180도 바뀌어버린 기상 이변으로 인해 급격한 기후 변화와 온난화에 대한 관심은 더욱 커지고 있다.

아프리카에서도 70년 만에 최악의 자연재해가 발생했다. 세계에서 가장 파괴적인 이동성 해충인 사막메뚜기 떼는 예멘을 시작으로 동쪽으로는 파키스탄, 인도, 서쪽으로는 소말리아, 케냐, 에티오피아로

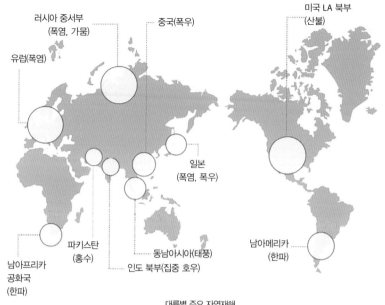

러시아 중서부
(폭염, 가뭄)

중국(폭우)

미국 LA 북부
(산불)

유럽(폭염)

일본
(폭염, 폭우)

파키스탄
(홍수)

동남아시아(태풍)

남아메리카
(한파)

남아프리카
공화국
(한파)

인도 북부(집중 호우)

대륙별 주요 자연재해

확산되어 식량 위기를 가져왔다. 유엔 식량농업기구(FAO)에 따르면 에티오피아, 케냐, 소말리아에서만 1,200만 명이 식량 위기에 처했으며 2천만 명의 식량 안보에 위험이 발생하였다고 한다. 1평방킬로미터의 메뚜기 떼가 지나가면서 소비하는 식량은 3만 5천 명의 하루치 식량과 같아 시간이 지날수록 어마어마한 피해가 발생하게 된다.

사막메뚜기 떼는 왜 나타게 된 것일까? 그 원인은 지구 온난화의 원인 중 하나인 인도양 쌍극자 현상으로 아프리카 동북부 지역에 비정상적인 폭우가 나타났기 때문이다. 폭우로 인해 축축한 곳에 알을 낳는 사막메뚜기 떼가 번식하기 좋은 환경이 된 것이다.

인도양 쌍극자 현상으로 인해 인도양 동쪽에 위치한 호주에서는 이상 고온과 가뭄으로 1,240만 헥타르에 이르는 대형 산불이 발생하여 10억 마리 이상의 동물이 죽고 5,900여 채의 건물이 타 버렸다. 2019년 12월 이상적인 폭염으로 인해 호주 전 지역 평균 41.9℃를 기록하는 등 이상 고온 현상과 120년 만의 최저 강수량을 기록한 심각한 봄가뭄이 들었으며, 대형 산불이라는 세계적인 재난이 발생하였

 이상 기후를 부르는 엘니뇨와 라니냐

엘니뇨(el niño)와 라니냐(la niña)는 스페인어로 '남자아이'와 '여자아이'라는 뜻이다. 해수면 온도가 평상시보다 높은 상태로 수개월 지속되는 현상을 엘니뇨라고 하며, 반대로 해수면 온도가 평상시보다 낮아지는 현상을 라니냐라고 한다. 이 두 가지 현상은 별개의 현상이 아니라 서로 관련되어 연속적으로 나타난다.

엘니뇨는 동태평양에서 중태평양에 이르는 넓은 범위에서 나타나며 주로 크리스마스를 전후해서 일어나기 때문에 '아기 예수', 즉 엘니뇨라고 불린다. 이러한 현상은 주로 무역풍*이 약해지고 대류 활동 영역이 서태평양에서 중태평양으로 확장 이동하게 되어 동태평양에서 수온약층이 깊어지고 해수면 온도가 상승해 대기의 변화를 유도하여 나타나는 현상이다.

그림과 같이 무역풍으로 인해 서태평양에 따뜻한 바닷물이 쌓여 비가 내리고, 동태평양에서는 서쪽으로 간 바닷물을 보충하기 위해 차가운 물이 채워져 건조하고 맑은 날씨가 된다. 그러나 무역풍이 약하게 불면 서태평양으로 향하는 따뜻한 물의 양이 줄어들어 동태평양으로 들어오는 차가운 해수의 양도 줄어 수온이 높아진다. 이러한 현상으로 인해 서태평양의 필리핀, 인도네시아, 말레이시아에는 비가 적게 내려 가뭄을 겪고, 동태평양의 페루에는 반대로 많은 비가 내린다.

라니냐는 엘니뇨와 반대로 바닷물의 온도가 평소보다 낮아지는 때를 말한다. 이때는 무역풍이 강해져 서태평양으로의 따뜻한 바닷물 유입이 증가하고, 그만큼 동태평양에는 차가운 바닷물의 유입이 증가한다. 그래서 서태평양의 온도는 더 올라가고 동태평양의 온도는 더 낮아지게 된다. 이 현상으로 인도네시아, 필리핀

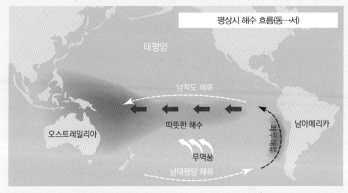

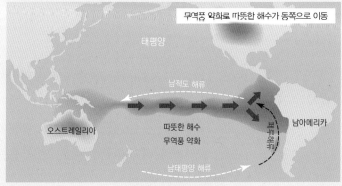

남태평양의 바닷물 흐름과 엘니뇨

☞무역풍: 적도 지방에서 서쪽으로 불며 서태평양의 따뜻한 바닷물과 동태평양의 차가운 바닷물을 분포를 유지하는 데 매우 중요한 바람

등의 나라에는 폭우 현상이 나타나며, 남아메리카 지역은 더 서늘해지고, 북아메리카에는 강추위가 찾아온다.

엘니뇨와 라니냐는 바닷물의 이상 온도 현상만이 아닌 이로 인한 대기의 흐름에도 영향을 미쳐 대형 산불이나 질병, 생태계 변화 등 다양한 문제를 가져오기 때문에 앞으로도 지속적으로 연구하면서 우리에게 닥칠 문제들을 최소화할 수 있도록 노력해야 할 것이다.

다. 그리고 산불로 배출된 대량의 이산화탄소는 다시 지구의 온난화에 영향을 미치는 악순환을 반복하게 되었다.

이 밖에도 중국의 폭우로 인한 싼샤 댐의 붕괴 위험, 에베레스트와 히말라야 지역의 해빙 현상, 온두라스의 전염병 폭증, 미국의 허리케인, 아프리카의 빅토리아 호수 범람 등 이상 기후로 인한 자연재해가 전 세계적으로 발생하면서 지구 온난화에 대한 우려를 확산시키고 있다.

⫸ 미션! 지구를 지켜라

기후 변화로 인한 자연재해를 막기 위해서는 어떻게 해야 할까? 우리나라에서는 2010년부터 제1차 기후 업무 발전 기본 계획을 시작으로 2020년 제3차 기본 계획을 수립하여 16개의 전략과 48개의 이행 과제를 바탕으로 범지구적 기후 변화 대응에 동참하고, 녹색 성장을 통한 저탄소 사회 구현을 위해 노력하고 있다.

지구 온난화에 대응하기 위해 우리는 지구 온난화에 대해 지속적으로 관심을 갖고 저탄소, 친환경 생활을 실천해야 한다.

> 대중교통 이용하기
> 분리 수거를 통한 재활용
> 절약하는 습관 키우기

그 외에도 불필요한 전기 사용 줄이기, 일회용품 사용 줄이기, 친환경 운전 습관 생활화하기, 여름철과 겨울철 적정한 실내 온도 유지

기후 변화를 막기 위한 국제 사회의 노력

파리협정

세계 각국은 선진국 위주의 온실 가스 배출량 감소를 위해 맺어진 '교토 의정서'를 대체하여, 선진국과 개도국 등 모든 국가가 참여할 수 있는 '파리 협정'으로 산업화 이전 대비 지구 평균 기온 상승을 1.5℃ 이하로 제한하기 위해 노력하고 있다.

	교토 의정서	파리 협정
목표	온실 가스 배출량 감소	온도 상승 폭 1.5℃ 이하 (산업화 이전 대비)
감축 의무 국가	선진국(38개국)	모든 국가(195개국)[1]
지속 가능성	2020년 만료	종료 시점 규정하지 않음

☞ 미국은 2019년 11월 도널드 트럼프 대통령이 파리 협정 탈퇴 통보

탄소 배출권 거래제

전기 자동차(테슬라)의 인기에도 기후 변화를 막기 위한 전 세계의 노력이 숨겨져 있다. 바로 배출권 거래제(emission trading)이다. 탄소 배출권 거래제는 국가가 기업에 할당하여 규제하는 탄소 배출량을 초과할 경우 거액의 과징금을 부과하는 것이다. 이 때문에 일반 자동차 기업보다 탄소 발생량이 월등히 작은 전기 자동차가 탄소 배출 권리를 다른 기업에 판매하기도 한다. 세계적으로 온실 가스 배출 억제 및 환경 규제가 강화됨으로써 전기 자동차, 수소 자동차의 인기는 더욱 높아질 것으로 예상된다.

하기, 음식물 남겨서 버리지 않기 등 작지만 생활 속에서 실천할 수 있는 다양한 방법이 있다. 이러한 작은 실천을 통해 지구를 지키고 가꾸어 나갈 수 있을 것이다.

1교시

김서형, 『전염병이 휩쓴 세계사』, 살림, 2020.
리처드 플랫, 최현경 옮김, 『전염병 연구소』, 사파리, 2021.
신병주, 『우리 역사 속 전염병』, 매일경제신문사, 2022.
예병일, 『세상을 바꾼 전염병』, 다른, 2015.
_____, 『전염병 치료제를 내가 만든다면』, 다른, 2020.
윌리엄 맥닐, 김우영 옮김, 『전염병의 세계사』, 이산, 2005.
이임하, 『전염병 전쟁』, 철수와영희, 2020.
제니퍼 라이트, 이규원 옮김, 『세계사를 바꾼 전염병 13가지』, 산처럼,
    2020.
클라라 프론탈리, 임희연 옮김, 『세상을 바꾼 전염병의 역사』, 봄나무,
    2015.

2교시

김명자, 『산업혁명으로 세계사를 읽다』, 까치, 2019.
김윤태, 『교양인을 위한 세계사』, 책과함께, 2007.

3교시

김성화, 『미래가 온다: 신소재』, 와이즈만북스, 2021.
나무위키, '아이언맨 슈트', '캡틴아메리카', '플로피디스크'.
사토 겐타로, 송은애 옮김, 『세계사를 바꾼 12가지 신소재』, 북라이프,
    2019.

위키피디아, '그래핀', '모차르트'.

장 노엘 파비아니, 김모 옮김, 『만화로 배우는 의학의 역사』, 한빛비즈, 2021.

장홍제, 『신소재 쫌 아는 10대』, 풀빛, 2020.

재컬린 더핀 , 신좌섭 옮김, 『의학의 역사』, 사이언스북스, 2006.

정완상, 『118개 원소 신비한 물질 탐험 이야기』, 성림주니어북, 2022.

한상철, 『신소재, 4차 산업혁명을 이끄는 힘』, 홍릉, 2019.

4교시

"3300년 전 멸종된 매머드, 아시아코끼리 몸빌려 부활한다", 〈조선비즈〉 2015. 5. 18.

경실련 소비자정의센터, "GMO 수입 현황 실태조사 결과", 2018. 7. 5.

김웅빈 외, 『생명과학, 신에게 도전하다』, 동아시아, 2017.

김훈기, 『GMO: 유전자 조작 식품은 안전할까?』, 풀빛. 2017.

도나 디켄슨, 강명신 옮김, 『한 손에 잡히는 생명윤리』, 동녘, 2018.

"바이엘이 삼킨 몬산토 '독일까, 약일까", 〈주간동아〉 2018. 8. 28.

소비자안전센터 식의약안전팀, "GMO 표시제도 개선방안 연구", 2014. 2.

이상현, "주요국별 유전자변형식품 표시제도", 『세계농업』 207호, 한국농촌경제연구원, 2017.

전방욱, 『DNA 혁명 크리스퍼 유전자 가위』, 이상북스, 2017.

제니퍼 다우드나·새뮤얼 스턴버그, 김보은 옮김, 『크리스퍼가 온다』, 프시케의숲, 2018.

존 T. 랭, 황성원 옮김, 『GMO, 우리는 날마다 논란을 먹는다』, 풀빛, 2018.

한국생명공학연구원 바이오안전성정보센터, "2019 대국민 LMO 인식조사 결과", "2021 유전자 변형생물체 관련 주요 통계".

5교시

구덕회 외, 『홈런 AI 교과서(기초편)』, 『홈런 AI 교과서(실전편)』, 아이스크
림에듀, 2020.

미야케 요이치로, 신은주 옮김, 『만화로 배우는 인공지능』, 비전코리아,
2019.

박유곤, 『미래 세계의 중심, 인공지능』, 미래아이, 2017.

블로터-채반석, "용어로 보는 IT".

사이토 가즈노리, 이정화 옮김, 『AI가 인간을 초월하면 어떻게 될까?』, 마
일스톤, 2018.

우정훈, 『AI 사람에게 배우다』, 비앤컴즈, 2019.

이경화, 『담임 선생님은 AI』, 창비, 2018.

일본경제신문사, 서라미 옮김, 『AI: 2045 인공지능 미래보고서』, 반니,
2019.

6교시

공우석, 『왜 기후변화가 문제일까?』, 반니, 2018.

기상청 블로그, "날씨가 만드는 음식! 기후에 따라 달라지는 우리 식생활"
(2019. 5. 21), "피나투보 화산 폭발이 지구에 미치는 영향"(2018. 10.
26).

"기후 변화, 화산 폭발 부추긴다", 〈SBS〉 2017. 11. 28.

김덕진, 『세상을 바꾼 기후』, 2013.

김병춘·박일환, 『재미있는 날씨와 기후 변화 이야기』, 가나출판사, 2014.

송은영, 『빈이 들려주는 기후 이야기』, 자음과 모음, 2010.

이자유, 『기후변화 쫌 아는 10대』, 풀빛, 2020.

임태훈, 『어, 기후가 왜 이래요?』, 토토북, 2007.

전국지리교사연합회, 『살아있는 지리 교과서(1)』, 휴머니스트, 2011.

주디스 허버드, 권예리 옮김, 『기후가 수상해』, 매직사이언스, 2017.

과학관 옆 사회교실

펴낸날	초판 1쇄 2023년 1월 16일
	초판 2쇄 2023년 5월 8일
지은이	이두현·김선아·박남범·진하정·조정은·김태호·박민지·태지원·
	권미혜·소은경·최진아·황은종
펴낸이	심만수
펴낸곳	(주)살림출판사
출판등록	1989년 11월 1일 제9-210호
주소	경기도 파주시 광인사길 30
전화	031-955-1350 팩스 031-624-1356
홈페이지	http://www.sallimbooks.com
이메일	book@sallimbooks.com

ISBN   978-89-522-4782-7 43300

살림Friends는 (주)살림출판사의 청소년 브랜드입니다.

※ 값은 뒤표지에 있습니다.
※ 잘못 만들어진 책은 구입하신 서점에서 바꾸어 드립니다.